Darmstädter Arbeiten zur
Literaturwissenschaft und Philosophie

Darmstädter Arbeiten zur Literaturwissenschaft und Philosophie

Herausgegeben von
Matthias Luserke-Jaqui und Gerhard Gamm

Band 4

Désirée Müller

Die todbringende Frau in Literatur und Kunst der Jahrhundertwende – Medium des kreativen Verfalls

Heinrich Manns Roman „Die Göttinnen"

Tectum Verlag

Désirée Müller

Die todbringende Frau in Literatur und Kunst
der Jahrhundertwende - Medium des kreativen Verfalls.
Heinrich Manns Roman „Die Göttinnen"

Darmstädter Arbeiten zur
Literaturwissenschaft und Philosophie
Band 4

ISBN: 978-3-8288-2195-8

ISSN: 1868-2847

Umschlagabbildung: Franz von Stuck „Die Sünde", 1893

Besuchen Sie uns im Internet
www.tectum-verlag.de

Bibliografische Informationen der Deutschen Nationalbibliothek
Die Deutsche Nationalbibliothek verzeichnet diese Publikation in der Deutschen Nationalbibliografie; detaillierte bibliografische Angaben sind im Internet über http://dnb.ddb.de abrufbar.

Ja! Ich weiß, woher ich stamme!
Ungesättigt gleich der Flamme
Glühe und verzehr´ ich mich.
Licht wird Alles, was ich fasse,
Kohle Alles, was ich lasse:
Flamme bin ich sicherlich.

(Friedrich Nietzche: *Ecce Homo*, 1882)

Inhalt

1 Einleitung

1.1 Einführung in die Thematik und Vorüberlegungen

> „Die Herzogin von Assy ist eine Schönheit großen Stils, die zu verschiedenen Zeiten Gesellschaft und Presse in Spannung erhält durch ungewöhnliche Abenteuer [...]. In dem *ersten* ihrer Romane sieht man [sie] jung, nach Freiheit und nach Thaten dürstend, wie eine Jägerin *Diana*, ihr Land Dalmatien durchstreifen [...]. In ihren stürmischen Träumen enttäuscht, und geistig gereift, findet man die Herzogin in ihrem *zweiten* Roman [*Minerva*] in Venedig als großartige Beschützerin der Kunst [...]. In dieser Umgebung von leidenschaftlicher Schönheit entwickeln sich mächtige Leidenschaften [...]. So ist aus der keuschen Freiheitsschwärmerin und der prachtliebenden Kunstliebhaberin im *dritten* Roman [*Venus*] eine unersättliche Liebhaberin geworden [...]. Die Herzogin genießt bis zur Selbstzerstörung. Ihr Tod ist stürmisch wie ihr Leben; aber sie bereut nichts. Eine Freudigkeit um jeden Preis athmet aus all diesem Leben, so viel Tragik es auch hervorbringt [...]. Kein Pessimismus kommt auf [...]. Die Romantrilogie der Herzogin von Assy lässt eine Weltanschauung fühlen, die heute Bedürfniß ist und Zukunft hat."[1]

Diese Notiz Heinrich Manns auf dem häufig zitierten *Waschzettel* zu seiner Romantrilogie *Die Göttinnen* stammt aus dem Jahr 1902, d. h. aus jener Zeit, in der er einer Fertigstellung seines „Hauptwerk[s] [..] für absehbare Zeit"[2] entgegensah. Wenig später erscheint das „moderne Märchen"[3] und stößt auf geteilte Resonanzen, die zwischen Ablehnung und Unverständnis auf der einen sowie Begeisterung auf der anderen Seite schwanken[4]. Dem ambivalenten Wesen

---

1 Diese Arbeit richtet sich nach der Fischer Studienausgabe in Einzelbänden: Mann, Heinrich: *Die Göttinnen oder Die drei Romane der Herzogin von Assy*. Hg. v. Peter-Paul Schneider. Frankfurt a. M.: Fischer, 1987. Der oben zitierte Text ist entnommen aus: Mann, Heinrich: „Notizen und Entwurf für den Waschzettel zu den *Göttinnen*". In: Materialien zu den *Göttinnen*. Ebd. S. 328-331. Im Folgenden: Gö, Materialien.

2 Mann an Ludwig Ewers, 19. Dezember 1901. In: Gö, Materialien, S. 316.

3 Ebd.

4 Vgl. Banuls, André: Nachwort zu den *Göttinnen*. In: Mann, Heinrich: *Die Göttinnen oder Die drei Romane der Herzogin von Assy*. Hg v. Peter-Paul

der Protagonistin Violante von Assy gleichend, reichen die Urteile von dem Abgesang einer „aphrodisische[n] Pennälerphantasie“[5], über den Plagiatsvorwurf in Bezug auf die Werke Gabriele D´Annunzios[6], bis zu euphorischen Lobeshymnen auf die „großen Träume von Jahrhunderten“, die sich in dem Roman widerspiegelten[7]. Exklusive solch deduktiver Textkritiken stießen die Abenteuer der Herzogin von Assy jedoch nicht auf das Interesse, das der Autor selbst erwartet hätte, sodass er zwei Jahre nach der Veröffentlichung resümierte: „Ich persönlich scheine zu denen zu gehören, die mit dem großen Publikum nicht in Berührung kommen können, aber um die sich ein Kreis von Liebhabern bildet“[8]. Die zeitgenössischen Reaktionen auf den Roman sowie die Antwort des Autors, die von Unverständnis gegenüber dem herrschenden Zeitgeist zeugt, sind symptomatisch, reflektieren sie doch die Grundstimmung dieser Jahre, welcher Orientierungslosigkeit, Zerrissenheit und gegenläufige Literaturströmungen zugrunde liegen. Entstanden innerhalb der literaturgeschichtlichen Periode der Moderne[9] bildet Heinrich

---

Schneider. Frankfurt a. M.: Fischer, 1987.S. 281-290, 288f. Im Folgenden: Banuls, Nachwort.

5 Thomas Mann: *Betrachtungen eines Unpolitischen.* Auszug in: Gö, Materialien, S. 349-352, S. 351.

6 Vgl. Banuls, Nachwort, S. 288.

7 Vgl. Benn, Gottfried: *Heinrich Mann. Zu seinem 60. Geburtstage.* Auszug in: Gö, Materialien, S. 357.

8 Mann an Ewers, 23. Dezember 1904. In: Gö, Materialien, S. 348.

9 Die vorliegende Arbeit arbeitet mit dem systematisch hervorragend differenzierten Moderne-Begriff Walter Fähnders, der die historische Periode von 1885 bis 1933 ansetzt und die literaturgeschichtliche Kernzeit innerhalb des sogenannten *Fin de Siècle,* von 1890 bis 1910, erkennt. Fähnders Arbeit ordnet dem Epochenbegriff *Historische Moderne* das „Ensemble von Naturalismus und Fin de Siècle, […] den Stilpluralismus der Jahrhundertwende einschließlich der *Wiener Moderne* [und der] historische[n] Avantgarde“ unter. Vgl. Fähnders, Walter: *Avantgarde und Moderne 1890-1933.* Stuttgart: Metzler, 1998. S.6.

Im Folgenden: Fähnders, Moderne. Für diese Untersuchung von Bedeutung sind die Stilrichtungen *Fin de Siècle, Ästhetizismus* und *Décadence.* Vgl auch Haupt/Würffel, die die Wendung *Moderne* erstmalig 1886 belegt sehen. Haupt, Sabine und Stefan Bodo Würffel (Hgg.): *Handbuch Fin de Siècle.* Stuttgart: Kröner, 2008. S. 32. Im Folgenden: Haupt/Würffel, Handbuch. Übereinstimmende Darstellungen zur Thematik liefern: Lorenz, Dagmar: *Wiener Moderne.* Stuttgart: Metzler, 1998. Im Folgenden: Lorenz, Moderne. Wunberg, Gotthart (Hrsg.): *Die Wiener Moderne. Literatur, Kunst und Musik zwischen 1890 und 1910.* Stuttgart: Reclam, 2000. Im

Manns Werk in bezeichnender Weise den Status quo der von Industrialisierung, Wissenschaftlichkeit, Säkularisierung und Weltuntergangsstimmung geprägten europäischen Welt ab. Individuum und Gesellschaft sind gleichermaßen betroffen von einer verlorengegangenen Einheit der Wirklichkeitswahrnehmung. Obwohl eine grundsätzliche Ähnlichkeit der Weltanschauungen zu Zeiten von Jahrhundertwenden konstatiert werden kann[10], stehen die Menschen an der Schwelle zum 20. Jahrhundert vor solch grundlegenden Veränderungen wie sie keine Generation zuvor bewältigen musste. Zerrissen zwischen dem Anspruch auf Fortschritt und dem Wunsch zu verweilen und zu verarbeiten, orientierungslos aufgrund wissenschaftlich geförderter Rationalität auf der einen sowie dem Streben nach Besetzen der religiösen Leerstelle auf der anderen Seite, gilt in dieser Epoche in höchstem Maße das Gesetz der „Ungleichzeitigkeit des Gleichzeitigen"[11]. Die zeitgenössische Literatur, Kunst und Philosophie reagiert dementsprechend ambivalent mit einem kontroversen Stilpluralismus, der von Gegensätzen, Übereinstimmungen und Überschneidungen bestimmt ist. Die unterschiedlichen Termini finden sich heute als „Ismen der Jahrhundertwende" literaturgeschichtlich eingeordnet[12]. Trotz der Widersprüchlichkeit existieren jedoch konstante Themenkomplexe, welche die Künste einer „im Vergangenen verhafteten" Ära „voller Zukunftsdrang"[13] rezipieren, allein die jeweilige Auslegungsart unterscheidet sie.

Der in der vorgelagerten Epoche der *Romantik* entstandene zentrale Gedanke, dass „Idee und Wirklichkeit nicht mehr übereinstimmen", dass eine Diskrepanz herrsche zwischen „Denken und Sein, Subjekt und Objekt"[14], begründet den Ausbruch einer fundamentalen „Krise

---

Folgenden: Wunberg, Moderne. Siehe auch: Luserke-Jaqui, Matthias (Hrsg.): *„Alle Welt ist medial geworden": Literatur, Technik, Naturwissenschaft in der klassischen Moderne. Internationales Darmstädter Musil-Symposium*. Tübingen: Francke, 2005.

10 Vgl. Dahlem, Ina-Gabriele: *Auflösen und Herstellen: Zur dialektischen Verfahrensweise der literarischen Décadence in Heinrich Manns „Göttinnen"-Trilogie*. Frankfurt a. M.: Lang, 2001. S. 1. Im Folgenden: Dahlem, Auflösen und Herstellen.

11 Vgl. Fähnders, Moderne, S. 11.

12 Vgl. Ebd. S. 9.

13 Vgl. Zima, Peter V.: *Der europäische Künstlerroman: Von der romantischen Utopie zur postmodernen Parodie*. Tübingen: Narr Francke Attempto, 2008, S. 31. Im Folgenden: Zima, Künstlerroman.

14 Vgl. ebd. S. 22.

des Vertrauens in die Natur des Menschen"[15] zur Zeit der literaturgeschichtlichen Moderne. Schorske formuliert in diesem Sinn die ultimative Zeitdiagnose: „Der europäische Geist verlor die Fähigkeit, zufriedenstellende Utopien zu entwerfen"[16]. In besonderem Maße betroffen von dieser Tatsache ist der moderne Künstler: War es von jeher seine Berufung, Kunst auf Basis von Wirklichkeit zu erschaffen, indem Wirklichkeit künstlerisch verfeinert und überhöht wurde, verliert das Kunstwerk nun seinen Wirklichkeitsanspruch und damit zunächst die grundlegende Existenzbedingung. Verschärft wird die Situation durch die zunehmende Degradierung der Kunst zur Ware, zum schmückenden Beiwerk in der Sphäre des von Utilitarismus geprägten Bildungsbürgertums, das jedoch gleichzeitig als vorrangige moderne Gesellschaftsschicht übrig und in der Lage bleibt, Kunst zu konsumieren[17]. Es gilt im Zuge dieser Entwicklungen, die Rolle des Künstlers und seine Stellung in der Gesellschaft neu zu bestimmen[18]. Ein Ergebnis dieser Neuorientierung findet sich in Autonomisierungstendenzen, die in einer „Kunst nur für Künstler"[19] kulminieren, dem Anspruch einer „göttlich künstlich[en] Kunst"[20], die Wirklichkeitssurrogat und Religionskompensation zugleich sein muss. Vereint werden folglich die Stilrichtungen der Jahrhundertwende in der Verarbeitung eines „Imperativ des Wandels"[21], der u. a. die Selbstreflexivität des Kunstwerks in den Vordergrund stellt und Ausdruck findet in dem Autonomie- und Zweckfreiheitsanspruch des *l'art pour l'art*, der „Aufwertung des Transitorischen, Flüchtigen und Ephemeren" sowie in der Darstellung von Extremen, die die „Male der Zerrüttung" modernen Innovationsbewusstseins als klaffende Wunden offenlegen[22]. Zurückgezogen in elitäre und wirklichkeitsferne *paradis artificiels*[23] wird die

15 Vgl. Schorske, Karl E.: *Wien. Geist und Gesellschaft im Fin de Siècle*. 2. Aufl. Frankfurt a. M.: S. Fischer, 1982. S. 207. Im Folgenden: Schorske, Wien.

16 Ebd. S. 205.

17 Vgl. Haupt/Würffel, Handbuch, S. 8. Siehe auch Zima, Künstlerroman, S. 22.

18 Vgl. Schorske, Wien, S. 205.

19 Vgl. Zima, Künstlerroman, S. 28.

20 Vgl. Ebd.

21 Fähnders, Moderne, S. 3.

22 Vgl. ebd. S. 1-12.

23 Der Begriff geht auf Charles Baudelaire zurück (1860). Eine umfangreiche und detaillierte Begriffsgenese liefert Kupfer, Alexander: *Die künstlichen Paradiese: Rausch und Realität seit der Romantik*. Stuttgart: Metzler,

„Parole Individualismus"[24] ausgegeben, die einen „culte du moi"[25] auslöst, welcher die nachfolgende Zeit entscheidend prägt und zu einer weiteren Abgrenzung des Künstlers von der Gesellschaft führt, wobei jede Stilrichtung die neue Selbstbezogenheit auf ihre Weise deutet[26]. Genannt seien an dieser Stelle die für die vorliegende Arbeit bedeutsamen Strömungen des *Ästhetizismus* und der *Décadence*. Während die von Nietzsche verbreitete, um die Jahrhundertwende popularisierte Ästhetizismustheorie auf einer „Zerreissung des principii individuationis"[27] gründet, was eine „Besiegung des Subjectiven [und die] Erlösung vom >Ich<"[28] garantieren sollte, die den Menschen in eine höhere Bewusstseinsebene überführe[29], orientieren sich die Anhänger der *Décadence* an Machs These vom „unrettbaren Ich"[30] und kultivieren die Dissoziation desselben im Postulat eines definitiven Niedergangs- und Verfallsbewusstseins[31].

2006. Im Folgenden: Kupfer, Künstliche Paradiese. Vgl. auch Haupt/ Würffel, Handbuch, S. 8.

24 Johannes Schlaf, zitiert in Fähnders, Moderne, S. 81.

25 Ebd.

26 Fähnders konstatiert: „Das neue Zauberwort hieß nun >Ich<". Fähnders, Moderne, S. 81.

27 Nietzsche, Friedrich: *Die Geburt der Tragödie aus dem Geiste der Musik*. In: Ders.: *Werke: Kritische Gesamtausgabe*. Hg. v. Giorgi Colli u. Mazzino Montinari. 3. Abt., 1. Bd. Berlin; New York: de Gruyter, 1972, S. 29. Im Folgenden: Nietzsche, Tragödie.

28 Ebd. S. 39.

29 Auf die Kunst angewendet, vollziehe sich in diesem Vorgang die höchste Form des Ästhetischen, die *„Tilgung des Inhalts* in der Form". Vgl. Meyer, Theo: „Nietzsche als Paradigma der Moderne". In: Piechotta, Hans Joachim et al. (Hrsg.): *Die literarische Moderne in Europa*. Bd. 1. Opladen: Westdeutscher Verlag, 1994. S. 136-171, S. 160. Herv. d. Verf. Im Folgenden: Meyer, Nietzsche; Piechotta, Moderne.

30 Vgl. Mach, Ernst: *Antimetaphysische Vorbemerkungen*. Gekürzt in: Wunberg, Moderne, S. 137-146. Im Folgenden: Mach, Vorbemerkungen.

31 Hier findet sich ebenfalls eine „Tendenz zur inhaltlichen Entleerung", welche den Überlegungen des Ästhetizismus jedoch diametral gegenübergestellt ist: „Es wird versucht, vermittels der Form *Inhalt*, d. h. Welt und Leben suggestiv zu *erschaffen*". Vgl. Dahlem, Auflösen und Herstellen, S. 8. Herv. d. Verf. Die Termini *Ästhetizismus* und *Décadence* werden in Kapitel 1.3 differenziert erläutert.

Die Verklärung des künstlerischen Lebens sowie der exklusive Individualitätsanspruch auf Basis einer sinnentleerten Wirklichkeit finden ihre literarische Verarbeitung nun in Heinrich Manns *Göttinnen*-Trilogie, für die folgende Aussage genauso zutrifft, wie sie die unzähligen Missverständnisse bezüglich des Romans impliziert:

> „Allein in der völligen sozialen Isolation können Kunst und Literatur ihre narkotische bzw. berauschende Wirkung entfalten. Die in solchen Momenten aufscheinende, imaginär entgrenzte Welt einer ungezügelten [...] Sinnlichkeit bildet den Gegenentwurf zu der als beklemmend erlebten bürgerlichen Gesellschaft um 1900"[32].

Tatsächlich ist die Lebensgeschichte der Mannschen Protagonistin Violante von Assy vor allem bestimmt durch die wirkungsvolle Sinnlichkeit ihrer „Reize" und „Taten"[33], welche dem um die Jahrhundertwende verstärkten „Interesse für Erotica"[34] Tribut zollt sowie eine weitere Ausformung der Entgrenzungserfahrungen des Ich darstellt. Darüberhinaus präsentiert der Roman die explizite Verknüpfung zwischen dem Liebesmotiv mit dem Faktor des Todes, der Text greift damit *die* Leitthematik von Kunst und Literatur des *Fin de Siècle*[35] auf, welche für die vorliegende Arbeit richtungsweisend ist: Die untrennbare Vereinigung von *Eros* und *Thanatos*, ausgedrückt in der Darstellung ambivalenter Weiblichkeit. Vor allem die europäische Dekadenzliteratur trägt, in besonderem Maße beeinflusst von Charles Baudelaire, zu einer „allgemein verbreitete[n] Ästhetisierung des Schreckens und der Dämonisierung von [weiblicher] Schönheit" bei[36], zur Feier von „Todesmythen, toten Städten und der Faszination des Sterbens"[37]. Zusätzlich angereichert mit den Überlegungen Nietzsches über das Erwachen des dionysischen Geistes, fordern die *Göttinnen* den Leser heraus, denn sie reflektieren die „Hingabe der Heldin an die Liebesleidenschaft [verbunden]

---

32 Haupt/Würffel, Handbuch, S. 140.

33 Mann, Heinrich: *Die Göttinnen oder die drei Romane der Herzogin von Assy I: Diana*, S. 11. Für den ersten Teil der Trilogie wird im Folgenden die Sigle „Gö I" verwendet.

34 Vgl. Dahlem, Auflösen und Herstellen, S. 35.

35 Die Begriffe *Jahrhundertwende* und *Fin de Siècle* werden in dieser Arbeit synonym verwendet.

36 Vgl. Haupt/Würffel, Handbuch, S. 146.

37 Fähnders, Moderne, S. 100.

mit Todesergebenheit“[38], ausgedrückt in einer rauschhaften „Feier der Renaissance“, ihren „großen Individuen und genialen Künstlern“ sowie der „Hoffnung auf Wiederkehr einer klassisch-heidnischen Antike“[39], kurz: Die Hingabe an den „Hauch der Zerstörung in der Fülle der Wollust“[40]. Diese Deutung allein reicht jedoch nicht aus, der vielschichtigen Programmatik des Werkes gerecht zu werden, denn die Lebensgeschichte der Herzogin von Assy liest sich ebenso als Gleichnis von der zeitgenössischen Künstlerproblematik. Banuls stellt hierzu treffend fest: „In den *Göttinnen* wird die Problematik der `Décadence´, des `Dilettantismus´, des künstlerischen Schaffens entwickelt und vertieft“[41]. Heinrich Mann, dem ein außerordentliches Interesse für „kühne, hochmütige, extravagante Frauennaturen“ bescheinigt werden kann[42], zeichnet den Weg eines orientierungslos gewordenen Künstlertums im Umfeld des modernen Lebens nach. Am Beispiel der mythologischen Metamorphosen der weiblichen Hauptfigur Violante von Assy wird Zeugnis abgelegt über die Substanzlosigkeit der Fortschrittsgesellschaft. In ihren drei Rollen als kriegerisch-keusche Freiheitsgöttin *Diana*, erhabene Kunstgöttin *Minerva* sowie todeslüsterne Liebesgöttin *Venus* verkörpert die Herzogin parallel die drei großen weiblichen Stereotypen der Literatur und Kunst des *Fin de Siècle*: Die jungfräuliche *femme fragile*, die vitale „Renaissancefrau“ sowie die dämonische *femme fatale*. Im Rahmen dieser Untersuchung wird auf jene Weiblichkeitskonzepte eingegangen und ihre Bedeutung für die Theoriebildung innerhalb des Romans herausgearbeitet. An dieser Stelle sei zunächst auf die generelle symbiotische Beziehung der Themenkomplexe „Frau“, „Tod“ und „Kunst“ innerhalb der modernen Kunst- und Geistestheorien hingewiesen, die in den *Göttinnen* schonungslos zur Schau gestellt wird: „`Mann´ und `Weib´ erscheinen als Chiffren einer zeitgenössischen `Sexualisierung´ in bildender Kunst, Literatur und Psychiatrie.[...] Mit erotischer Bedeutsamkeit aufgeladen wird dabei vor allem das `Weib´. [...] Früh

---

38 Banuls, André: *Heinrich Mann*. Stuttgart: Kohlhammer, 1970 . S. 71. Im Folgenden: Banuls, H. Mann.

39 Fähnders, Moderne, S. 100.

40 Mann, Heinrich: *Die Göttinnen oder die drei Romane der Herzogin von Assy III: Venus*. S. 40. Für den dritten Teil der Trilogie wird im Folgenden die Sigle „Gö III“ verwendet.

41 Banuls, H. Mann, S. 59.

42 Vgl. ebd. S. 74.

wird [es] zum Sinnbild für die Moderne überhaupt erklärt"[43]. Verbunden mit der Tatsache, dass „in Epochen, die von Zweifel, `düsteren´ Einflüssen und Angst geprägt sind, [...] dämonische [i. e. totbringende] Frauen besonders zahlreich auf[treten]"[44], erhält die Kunst in der Epoche der Moderne ein Geschlecht und eine Eigenschaft, sie wird weiblich und mutiert zum „Haupt der Gorgo", die das Leben unter ihrem Blick „erstarren und versteinern" lässt[45]. Der Funktionswandel der Kunst impliziert somit ebenfalls einen Wandel der Werte, die die Problematik des modernen Künstlertums zusätzlich verschärfen. In einer säkularisierten Welt kann eine Kunstform, die zweckfrei einem absoluten Schönheitsbegriff untergeordnet ist, die Aufgabe einer Ersatzreligion und „Führerin ins Licht" nicht folgenlos erfüllen, dieser Gedanke kommt in den *Göttinnen* ebenfalls zum Tragen. Dort durchlebt der Künstlermensch die fatalen Konsequenzen des Ästhetizismus, welche in einem (selbst-)zerstörerischem Leben zu einem kläglichen Ende geführt werden: „Die Göttin der Kunst, die Muse des Dichters, wird zur Zauberin oder zum Dämon, der dem Künstler, der sich gern als Artist für Artisten verstehen will, um Genuss, Glück, Liebe, um alles Lebendige und alles Menschliche bringt"[46].

Die vorliegende Arbeit verfolgt nun die Entwicklung der Ausweglosigkeitserfahrung der modernen Kunst sowie des modernen Menschen am Beispiel von Heinrich Manns *Göttinnen* und filtert die Lösungsoptionen, die sich im Roman ansatzweise erkennen lassen, heraus. Die Gliederung der Argumentation folgt dem dreiteiligen Aufbau des Textes, wobei auf die gesonderte Stellung des zweiten Teils, der *Minerva*-Verwandlung, hingewiesen werden muss, innerhalb dessen sich schon ab dem Mittelteil ein fortschreitender Paradigmenwechsel abzeichnet[47]. Nach einem Überblick über die wich-

---

43 Lorenz, Moderne, S. 146.

44 Praz, Mario: *Liebe, Tod und Teufel. Die Schwarze Romantik*. 4. Aufl. München: dtv, 1994. S. 168. Im Folgenden: Praz, Schwarze Romantik.

45 Vgl. Wuthenow, Rainer: *Muse, Maske und Meduse: Europäischer Ästhetizismus*. Frankfurt a. M.: Suhrkamp, 1978. S. 278. Im Folgenden: Wuthenow, Muse.

46 Ebd. S. 13.

47 Vgl. Mann, Heinrich: *Die Göttinnen oder die drei Romane der Herzogin von Assy II: Minerva*. S. 153. Für den zweiten Teil der Trilogie wird im Folgenden die Sigle „Gö II" verwendet. Von Bedeutung ist diese Beobachtung, weil sich schon wesentlich früher als oftmals behauptet, ästhetizismuskritische Untertöne des Textes abzeichnen. Eingehend besprochen

tigsten Ansätze und Theorien der literaturwissenschaftlichen Forschung sowie einer Festlegung und Abgrenzung der in dieser Arbeit angewandten Methodik folgt eine Darstellung der textimmanenten zeittypischen Einflüsse auf das Werk des jungen Heinrich Mann[48]. Von Bedeutung sind hierfür ausschließlich die Theoriemodelle Nietzsches, des Ästhetizismus und der *Décadence* sowie die durch Mario Praz definierte, zeitlich vorgelagerte Strömung der *Schwarzen Romantik*, vereinzelt finden die Einflüsse Baudelaires und Flauberts Berücksichtigung[49]. Der Einstieg in die induktiv geführte Textanalyse erfolgt in der Besprechung des *Diana*-Teils der *Göttinnen*. Unter Berücksichtigung der Erkenntnisse zum literarischen Typus der *femme fragile* wird die Protagonistin im Hinblick auf die Verkörperung dieser Rolle analysiert und ihr Werdegang in dieser Phase gelesen als Reflexion der Freiheits- und Autonomisierungstendenzen der Kunsttheorie des *l´art pour l´art*. Die Interpretation des *Minerva*-Teils ist bestimmt von der Charakterisierung der Herzogin von Assy als „Renaissancefrau", die glaubt, in der Ausgestaltung ihres spezifischen künstlerischen Lebensstils einen Ausweg aus der Krise des abendländischen Künstlertums gefunden zu haben. So wird der zweite Band gewertet als Ausdruck einer Rückbesinnung der Kunst auf das Dagewesene, um so die Autonomie erhalten zu können, da Freiheit ebenfalls Orientierungslosigkeit zur Folge hat. Die Ausgestaltung des modernen Konflikts zwischen den Bereichen

---

wird diese Thematik in Kapitel 1.2 sowie in den Teilen 3 und 4 dieser Arbeit. Eine ausführliche Analyse zu Perspektivierung und Erzählstimme des Romans liefert Dahlem, Auflösen und Herstellen.

48 Hier sei auf Martin verwiesen, die, unter Berufung auf Renate Werner, das Frühwerk Manns auf die Zeit zwischen 1900 und 1914 datiert, „zwischen den Romanen *Im Schlaraffenland* und *Der Untertan*". Vgl. Martin, Ariane: *Erotische Politik. Heinrich Manns erzählerisches Frühwerk*. Würzburg: Königshausen und Neumann, 1993, S. 13 f. Im Folgenden: Martin, Politik. Die vorliegende Arbeit folgt dieser Einteilung und erachtet, übereinstimmend mit Klaus Schröter, die Phase vor 1900 als „Jugendwerk" des Autors. Vgl. Schröter, Klaus: *Anfänge Heinrich Manns: Zu den Grundlagen seines Gesamtwerks*. Stuttgart: Metzler, 1965. S.42. Im Folgenden: Schröter, H. Mann.

49 Weitere Einflüsse auf Heinrich Mann, wie z. B. durch Stirner, Brandes oder Balzac sowie die Bedeutung des Werkes von D´Annunzio für die Entstehung der *Göttinnen* - Mann musste sich gegen Plagiatsvorwürfe zur Wehr setzen - werden in dieser Arbeit nicht besprochen, da sie für die Thematik von marginaler Bedeutung sind. Eine weiterführende, ausführliche Darstellung liefern die Untersuchungen Schröters und Banuls.

Kunst und Leben innerhalb der *Göttinnen* wird diesbezüglich von zentraler Bedeutung sein. Der *Venus*- Teil schließlich verwandelt die „Renaissancefrau“ vollends in die dämonische *femme fatale*, die für eine Abkehr von der Kunst und die Verortung des Individuums in der Sphäre des Lebens steht, was in der totalen Konzentration auf das Diesseitige resultiert. An dieser Stelle wird zu belegen sein, dass in der letzten Rolle der Protagonistin die offene Kritik an den modernen Kunsttheorien und Lebensentwürfen auf Textebene am deutlichsten zu Tage tritt, da sie die Ausweglosigkeit der offerierten Alternativen schonungslos porträtiert: Entscheidet sich der Künstler für die „Verlebendigung“ der Kunst, bedingt die dabei entstandene Sinnentleerung die Abkehr von- und das Ende derselben. Fällt die Wahl auf die „Verkünstlichung“ des Lebens, bedeutet dies ein Ende desselben, da Erstarrung und Werteverlust die Folgen wären. Jegliche Daseinsentwürfe enden im unnatürlichen, vorzeitigen Ableben des künstlerischen Subjekts, somit stellt sich diese Arbeit die Frage, ob in dem finalen Tod der Violante von Assy ein Untergang oder ein Neubeginn versinnbildlicht wird, ob Heinrich Mann in diesem Roman das Ende der Kunst proklamiert oder ob der Text als frühes Zeugnis der Überwindung seiner Affinität zu der Ästhetizismustheorie gelesen werden kann.

Das fünfte Kapitel dieser Untersuchung beschäftigt sich schließlich mit einem überaus interessanten Aspekt in den *Göttinnen*, der auf seine Tauglichkeit zur Neuorientierungsmöglichkeit des Künstlertums hin überprüft wird: Die darstellende Kunst am Beispiel des Berufs der Schauspielerin. Darauf folgen das abschließende Resümee sowie ein Ausblick, der die Aktualität der Thematik umreißt.

1.2 Überblick über die Ansätze der Forschung und methodisches Vorgehen

Wie bereits an früherer Stelle erwähnt, maß Heinrich Mann seiner *Göttinnen*-Trilogie eine exponierte Stellung innerhalb seines Frühwerks bei und entsprach mit seiner Wertung nicht dem überwiegenden Urteil der Zeitgenossen. Die Einordnung des Werkes in die damalige Renaissance-Mode garantierte eine vorschnelle Aburteilung der Abenteuer Violante von Assys als weiteres Zeugnis des nietzscheanischen Übermenschenkultes[50]. Der von Krankheit und Zerstörung geprägte *Venus*-Teil veranlasste andere Stimmen, den

50 Vgl. Banuls, Nachwort, S. 289.

Roman zum Auswuchs der „Hysterischen Renaissance" zu erklären[51] und ihn damit in die Nähe der „krankhaften Sinnlichkeit"[52] der *Décadence*-Literatur zu rücken. Diese zeitgenössischen Fehlurteile waren maßgeblicher Ausgangspunkt und die Ursache für eine Rezeptionsgeschichte der *Göttinnen*, die auf Widersprüchlichkeiten und Missinterpretationen beruht, welche sich bis in die Gegenwart hinein beobachten lassen. So stellt Dahlem diesbezüglich zutreffend fest, dass sich die Forschung mit dem Roman

> „jahrzehntelang in einer Art und Weise beschäftigt hat, die symptomatisch [sei] für den wissenschaftlichen Umgang mit Texten, die schon von den Zeitgenossen das Attribut `dekadent´ erhielten. Nach einer zunächst ablehnenden Haltung wurde mit Prädikationen gearbeitet, die ohne eingehendere Untersuchung von Generation zu Generation weitergegeben wurden. So ist der Umstand zu erklären, dass die *Göttinnen* zwar einerseits als `the non plus ultra of decadence´ in besonderer Weise aus dem Frühwerk Heinrich Manns herausgehoben wurden, andererseits aber unter dem Gesichtspunkt der Intensität und Quantität der Forschung lange Zeit ein `Stiefkind der Literaturwissenschaft´ geblieben sind"[53].

In diesem Sinne changieren ältere sowie aktuellere Untersuchungen vor allem zwischen den Polen „ästhetizistisch" gegenüber „dekadent" sowie pro oder contra Nietzsche. Klaus Schröter etwa folgt ersterer Lesart und erkennt im Renaissancismus der *Göttinnen* ein

---

51 Vgl. Thomas Mann in: Gö, Materialien, S. 351. Der Begriff der „Hysterischen Renaissance" wird im Romantext von Heinrich Mann selbst verwendet. Vgl. Gö II, S. 117. Auf seine Bedeutung wird in Kapitel 3.3.2 eingegangen.

52 Zur Verurteilung der *Décadence*-Literaur vgl. z. B. Ottokar Stauf von der March: *Die Neurotischen*. Gekürzt in:Wunberg, Moderne, S. 239-248. Im Folgenden: Stauf von der March, Neurotische.

53 Dahlem, Auflösen und Herstellen, S. 11 f. Auch Emrich beklagt bereits 1981 den „seit 1972 manifest gewordenen Deutungsgegensatz" in der literaturwissenschaftlichen Forschung zu den *Göttinnen*, der allein auf einem „Entweder-Oder" verankert ist und jedweden neuen Interpretationsansatz im Vorhinein ausschließt: „Die Frage, ob Violante [...] eindeutig als Lebensschwache erscheint oder ob sie die Aufhebung der ... eigenen Lebensschwäche leistet wurde [...] eher verschleiert als geklärt, zumal er durchaus mit extratextuellen Argumentationen operiert". Emrich, Elke: *Macht und Geist im Werk Heinrich Manns: Eine Überwindung Nietzsches aus dem Geist Voltaires*. Berlin; New York: de Gruyter, 1981. S. 73. Im Folgenden: Emrich, Macht und Geist. Vgl. auch Martin, Politik, S. 9 f.

„von Nietzsche angeregtes Mittel der Kulturkritik der Gegenwart“[54], „Apolitie“[55], Kritik am Bürgertum[56] sowie „negativer Protest“[57], all dies sei, zusammengefasst, Ausdruck der Gesellschaftsfeindlichkeit Manns während der frühen Phase seines Schaffens, in der er die Hässlichkeit des Alltags und seiner Vertreter durch „ästhetische Emotionen“ zu überwinden versuchte[58]. Einen entscheidenden Schritt weiter geht Reinhild Schwede, die jegliche Forschungsansätze in Frage stellt, welche „eine Kritik an der Idealität des Renaissancemenschen“ in Manns Werk erkennen[59] und sein gesamtes Jugend- und Frühwerk „ganz unter dem Zeichen der Distanz zur gesellschaftlichen Realität“[60] aburteilt. Unbestreitbar ist die Tatsache, dass sich in den *Göttinnen* eine starke Tendenz zur „Negation jeglicher Soziabilität“[61] herauskristallisiert[62], es wird jedoch Schwedes indifferente Antizipation des Textes in Frage zu stellen sein, die diesen als Modell eines „elitären, aristokratischen Künstlerdaseins“ liest, welches das exklusive Mittel gegen den herrschenden Weltschmerz und die zeitgenössische Wirklichkeit darstelle[63]. Auch in ihrer Interpretation findet sich die Auffassung, Mann erliege dem Renaissancekult der Jahrhundertwende[64] und er kultiviere diesen durch „Heroisierung der historischen Wirklichkeit“ auf Basis der „Idealisierung eines bestimmten Menschenbildes“, i. e. dem des exzeptionellen

---

54 Vgl. Schröter, H. Mann, S. 55 f.

55 Vgl. ebd. S. 72.

56 Vgl. ebd. S. 76.

57 Vgl. ebd. S. 83.

58 Vgl. ebd. S. 83 f.

59 Vgl. Schwede, Reinhild: *Wilhelminische Neuromantik- Flucht oder Zuflucht? Ästhetischer, exotistischer und provinzialistischer Eskapismus im Werk Hauptmanns, Hesses und der Brüder Mann um 1900.* O. O.: Athenäum Hain Verlag, 1986. S. 168. Im Folgenden: Schwede, Neuromantik.

60 Ebd. S. 68.

61 Ebd. S. 65.

62 So z. B. im *Diana*-Band, Violante bekennt: „Das Leben von einigen tausend Menschen ohne Sinn und Schicksal ist uns beiden [Violante und Pater Tamburini] - seien wir doch ehrlich! - völlig gleichgültig“. Gö I, S. 280.

63 Vgl. Schwede, Neuromantik, S. 66. Zur Kritik dieser Auffassung vgl. auch Dahlem, welche „Jahrzehnte [erschöpfende] fruchtlose Diskussion um den sogenannten Renaissancekult“ bemängelt. Dahlem, Auflösen und Herstellen, S. 51.

64 Vgl. Schwede, Neuromantik, S. 69.

Renaissancekünstlers[65]. Konsequent außer Acht gelassen wird in Schwedes Interpretationsansatz der in den *Göttinnen* durchgängig existente Letalfaktor, den die Kunstwerke und ihre Schöpfer[66] verinnerlicht haben sowie das generelle Scheitern der Lebensentwürfe der Protagonistin, die, vor ihrer Zeit, von Krankheit zerfressen, ihr kinderloses Dasein beschließt. Schwede behauptet, Mann habe Violante von Assy nach dem realen Vorbild der „völlig ungeschwächten Seele einer Dogaresse der Renaissance" gestaltet[67], was sich allein anhand eines genauen Blickes in den Text widerlegen lässt, da insbesondere der *Venus*-Teil geprägt ist vom körperlichen Verfall der Herzogin sowie ihrer psychischen Angegriffenheit, die sie mehr und mehr verspürt[68]. Grundlegend falsch ist Schwedes Behauptung zum „provinzialistischen Eskapismus" der *Göttinnen*, in dem sie eine „signifikante Verherrlichung der Natur" als „adäquate[n] Ausweg aus der Desorientiertheit" erkennen will, da Natur bei Heinrich Mann „frei von allen Ausprägungen, Inhalten und Werten der wirklichen Welt" sei[69]. Der offenkundige Gegenbeweis findet sich erneut im Text, nämlich zu Beginn des *Venus*-Teils, der mit einem Aufenthalt Violantes in einer provinziellen „Hirtenidylle" eingeleitet wird, aber nur auf den ersten Blick als neuzeitliches „Arkadien" gewertet werden kann: „Sie waren Schönheit und Reichtum die Oliven! Sie waren von der Wollust schwerer Fruchtbarkeit ganz *müde* und *mürb*. An ihren Wurzeln, unter gestauten Wassern, bildeten sich *Fäulnisherde*"[70]. Diese Textpassage steht beispielhaft für weitere, in denen die Naturbeschreibungen sehr wohl durchflochten

65 Vgl. ebd. S. 70 f.

66 Nahezu alle Künstlerpersönlichkeiten im Roman, männliche *und* weibliche, kommen zu Tode, überwiegend durch die eigene Hand. Jakobus Halm entkommt als einziger, jedoch ausschließlich aufgrund der Flucht ins „tätige" Leben. Diese Tatsachen werden an späterer Stelle eingehend besprochen.

67 Schwede, Neuromantik, S. 148.

68 Hier sei beispielhaft folgende Textstelle genannt: „Welch eine *schlimme Einsamkeit*, die keine Spur hinterlassen wird! […] Ich [Violante] bin einzig auf meine Nerven gestellt. […] Ich habe sie [ihre Liebhaber] *zu heftig* begehrt". Gö III, S. 210. Herv. d. Verf.

69 Vgl. Schwede, Neuromantik, S. 73.

70 Vgl. Gö III, S. 35. Hingewiesen sei an dieser Stelle auch auf die ausgeprägte *Naturfeindlichkeit* des *Minerva*-Teils, herausgestellt in der Allegorie des „künstlichen Gartens". Auf dieses Motiv wird an späterer Stelle explizit eingegangen.

sind von menschlichen, d. h. weltlichen, Begehrlichkeiten wie Promiskuität, Eifersucht und Tod[71]. Die ebenfalls von Schwede thematisierte Bürgerkritik in den *Göttinnen*, welche auch Schröter feststellt[72], steht außer Frage, widersprochen werden muss jedoch der Auffassung von einem „Ästhetizismus par excellence" im Roman[73].

Eine weitaus fruchtbarere These wirft Renate Werner auf, die den „eskapistischen Gestus"[74] und die „Destruktion bürgerlicher Ideologie"[75] nicht in Abrede stellt, durch die Unterteilung der Romanstruktur in „Realschicht" und „mythische Schicht" jedoch die satirisch-kritische Dimension des Textes aufdeckt[76]. Die Realschichthandlung meine demnach die drei Lebensphasen der Violante von Assy und offenbare „mit allen erzählerischen Mitteln der Satire" die von geistiger, moralischer und physischer `Verfallskultur´ geprägte `gewöhnliche Wirklichkeit´"[77]. Die mythische Schicht sei zu werten als Reaktion auf den bürgerlichen Utilitarismus. Indem die Herzogin „Verkleidung", „Oberfläche", „Hülle" und „Spiel" zu ihrem Credo mache, versuche sie, die verloren gegangene „Identität von Geist, Schönheit und Lebensfülle" wieder herzustellen[78]. Die wichtigste Feststellung Werners besteht in diesem Zusammenhang in der Aussage: „Zentraler Fluchtpunkt des Romans [ist] […] die Kunst-Thematik", welche „bereits die Realschicht dominant einfärb[t]", die Vorstellung einer „absoluten Kunst, die als reine Idealität alles banal Menschlich-Wirkliche transzendier[t]"[79]. Somit besprechen die *Göt-*

71 Vgl. an dieser Stelle beispielhaft Gö II, S. 233 und 261. Die Metapher der „Fäulnisherde" verweist auf die Tatsache, dass Natur im Roman *nicht* Verkörperung unbedingter Reinheit ist und „außerhalb jeder Tageswirklichkeit" verortet werden kann. Sie ist vielmehr eng mit dem Lebensbegriff verbunden und erhält in dem oben zitierten Textausschnitt zudem eine proleptische Referenz in Bezug auf Violantes von Krankheit zerfressenen Körper.

72 Vgl. Schröter, H. Mann, S. 76.

73 Vgl. Schwede, Neuromantik, S. 154.

74 Vgl. Werner, Renate: „Cultur der Oberfläche: Zur Rezeption der Artisten-Metaphysik im frühen Werk Heinrich und Thomas Manns". In: Hillebrand, Bruno (Hrsg.): *Nietzsche und die deutsche Literatur.* Bd. 2. Tübingen: Niemeyer, 1978. S. 102. Im Folgenden: Werner, Cultur.

75 Vgl. Ebd. S. 91.

76 Vgl. Ebd. S. 97.

77 Ebd.

78 Vgl. Ebd. S. 98.

79 Vgl. Ebd. S. 99.

tinnen, zunächst wertneutral gelesen, in erster Linie die moderne Künstlerproblematik, versinnbildlicht am weiblichen Einzelschicksal. Durch die Beispiele einzelner Künstlerexistenzen verhandelt Heinrich Mann die alternativen Lebensentwürfe, die dem zwischen Kunst und Leben taumelnden Kreativen der Jahrhundertwende noch offenstehen. Indem Mann der bürgerlichen Welt ihr „utopisch-ästhetisches Gegenbild"[80] präsentiert, vollzieht sich laut Werner ein Erkenntnisprozess, „der eben nicht auf bloße Affirmation der ästhetischen Illusion hinauslaufen kann und soll, sondern auf deren Grund zu reflektieren hat"[81]. Mit ihrer Deutungsweise des Textes liefert Werner hilfreiche Ansatzpunkte in Bezug auf eine differenzierte und wertneutrale Analyse, die sich keiner Ideologie-Rezeption verschreibt. Zu wenig Beachtung findet hierbei jedoch erneut der prämonitorische Unterton, welcher in Ausgestaltung des *Venus*-Teils nicht nur das „vitalistische Irrationalismus-Syndrom des Fin de Siècle"[82] aufgreift, sondern dieses in der Darstellung von Extremen dem finalen Schlusspunkt zuführt. Mit der Herzogin von Assy stirbt jeder von ihr durchgespielte Lebensentwurf endgültig, was die Vermutung aufkommen lässt, dass *keiner* von ihnen für die Dauer eines ganzen Menschenlebens tauglich sein könnte. An dieser Stelle sei die aufschlussreiche Arbeit von Elke Emrich hinzugezogen, sie erkennt im Sterben der Protagonistin weder die „Heraufkunft eines \`Übermenschen´" noch die Synthese der drei Rollen *Diana, Minerva* und *Venus*, sondern einen ultimativen „Schlussakkord": „Ihr Tod enthüllt recht eigentlich das \`Nichts´, vor dem sich dieses \`Kunstwerk´ auflöst wie ein Nebel, wie eine schöne Illusion"[83]. Emrich deutet die *Göttinnen* als Zeugnis der „Aporie" nietzscheanischer Theorien, welche zwangsläufig umschlügen in „die Vernichtung von Kunst und Eros, [...] in die Negation des Lebenswillens selbst, in den \`letzten Wunsch...: -zu sterben´"[84]. Somit wird der Roman nicht ausschließlich fokussiert im Hinblick auf die vielfach besprochene ästhetische Bürgerkritik des künstlerisch Tätigen, vielmehr wird die Problematik der Künstlerexistenz im Allgemeinen zur Diskussion gestellt[85], die Frage nach den Überlebenschan-

---

80 Ebd. S. 102.

81 Ebd. S. 103.

82 Ebd. S. 102.

83 Emrich, Macht und Geist, S. 75.

84 Ebd. S. 82 und 84.

85 Vgl. ebd. S. 95.

cen einer vom Aussterben bedrohten Randfigur der Gesellschaft der Jahrhundertwende. In dem *Menschen* Violante von Assy vollzieht sich erneut ein Versuch der Synthese von Kunst und Leben wie er in der modernen Literatur vielfach durchgespielt wird. Ein weiteres Mal wird die Unmöglichkeit dieser Synthese betont: „Deckungsgleich und in konkret lebendige Erscheinung gebracht [in Person der Violante von Assy], werden Kunst *und* Leben unmöglich“[86]. Die Wahl der analytischen Romantechnik bekunde zudem Manns „Manifestation einer rigorosen Nietzsche- und Zeitgeistkritik“[87]. Gleichzeitig offenbart sich die Sympathie des Verfassers für seine Heldin[88], für die er beschließt: „Sie ist bemerkenswerterweise ein Mensch und wird ernst genommen“[89]. Als eindeutig gegeben und damit die Verfechter des Ästhetizismuskultes in den *Göttinnen* widerlegend, ist aber festzuhalten, dass der Romanverlauf eine kritische Lesart herausfordert. Dies bestätigen ebenfalls die Feststellungen Wuthenows und Jan-Christian Metzlers. Wuthenow konstatiert, es vollziehe sich eine Abrechnung Heinrich Manns „mit der scheinhaften Erfüllung der ästhetischen Existenz, […] deren vollkommene Entfaltung bis zu einem traurigen Sterben er [Mann] in der Gestalt der Herzogin von Assy geschildert [habe]“, wobei „auch diese Erfüllung eigentlich ein Scheitern [sei]“[90]. Ähnlich argumentiert Metzler, der, die Problematik des Dualismus von Kunst und Leben im Werk anerkennend, den bereits angesprochenen Letalfaktor der ästhetizistischen Kunst hervorhebt und eine „ästhetizismuskritische Lesart im allgemeinen“ aus dem Werk ableitet[91]. Hier klingt die für diese Arbeit zentrale Fragestellung an, die Verhandlung darüber, ob in den *Göttinnen* die Darstellung einer tödlichen Kunst proklamiert wird, die, in Gestalt der tödlichen Frau, alles Leben und somit auch sich selbst vernichtet oder ob dort Kunst infolge der Überwindung des Ästhetizismus Alternativen schafft, die es ermöglichen, den Zustand

---

86 Vgl. ebd. S. 82. Herv. Emrich.

87 Vgl. ebd. S. 74 und 82.

88 Vgl. Banuls, Nachwort, S. 284.

89 Heinrich Mann an Albert Langen am 2. Dezember 1900. In: Gö, Materialien, S. 299.

90 Wuthenow, Muse, S. 275.

91 Metzler, Jan-Christian: >>*Mir ward es seltsam kalt*<< *Weiblichkeit und Tod in Heinrich Manns Frühwerk*. Hamburg: Argument Verlag, 2000. S. 20 f. Im Folgenden: Metzler, Weiblichkeit.

einer „zweiten Unschuld“[92] zu erreichen, infolge deren der Künstler als *Mensch* Kreativität leben kann.

Der „Kode“ zur Entschlüsselung dieser Thematik findet sich auf Textebene. Er ist verkörpert in der Konstruktion unterschiedlicher zeitgenössischer Weiblichkeitsentwürfe, die dem Roman zugrunde liegen und für den Gang der Arbeit maßgeblich strukturbildend sein sollen. Die Verwendung der drei charakteristischen literarischen Rollenbilder *femme fragile*, „Renaissancefrau“, *femme fatale* sollen in ihrer Stereotypie anerkannt werden als Folie und Beleg einer in den *Göttinnen* beinhalteten spezifischen Auffassung von Kunst sowie des daraus gestalteten Künstlerbildes gewertet werden. Vorausgesetzt wird infolgedessen die bewusste Konstruktion der Romanstruktur als „artifizielles Ganzes“, auf die Dahlem verweist[93] und die der antimimetischen Tendenz moderner Kunst- und Literaturtheorie Rechnung trägt. Es soll nicht mehr die erlebte vorgegebene Wirklichkeit abgebildet werden, sondern die Kunst stellt den Anspruch, aus sich selbst heraus Wirklichkeit zu produzieren, was die Problematik der „Dissoziation von Außen und Innen zugunsten der [künstlerischen] Form begründet“[94]. Darüberhinaus wird der Anspruch gestellt, durch das Mittel der textnahen Analyse den komplexen Zusammenhang von Kunstphilosophie und Weiblichkeitsvorstellung in seinem Facettenreichtum zu würdigen[95], da dieser in den bisherigen Untersuchungen zum Roman nach Ansicht der Verfasserin dieser Arbeit nicht ausreichend beachtet wurde. Die unzähligen intertextuellen Querverweise zwischen „Frau“ und „Bild“ sowie das Zusammenspiel der jeweiligen Verwandlung der Herzogin mit den für diese Phasen notwendigen weiblichen Randfiguren sollen im Zentrum dieser Untersuchung stehen, was von der Forschung zugunsten der Theoriebildung in großem Maße ignoriert

---

92 Vgl. Gö III, S. 256.

93 Vgl. Dahlem, Auflösen und Herstellen, S. 38 f.

94 Vgl. ebd. Hier finden sich desweiteren umfangreiche Hinweise zur Problematik der Analyse moderner Texte, insbesondere moderner Romane, auf Basis der Hermeneutik sowie eine ausführliche Darlegung der narrativen Struktur der *Göttinnen*.

95 Die Kunstmetaphorik der Textoberfläche hat Ritter-Santini bereits aufschlussreich erörtert. Vgl. Ritter-Santini, Lea: „Die Verfremdung des optischen Zitats: Anmerkungen zu Heinrich Manns Roman *Die Göttinnen*“. In: Weisstein, Ulrich (Hrsg.): *Literatur und bildende Kunst: Ein Handbuch zur Theorie und Praxis eines komparatistischen Grenzgebietes*. Berlin: Erich Schmidt, 1992. S.259-278. Im Folgenden: Ritter-Santini, Optisches Zitat.

wurde und wird[96]. In diesem Sinn orientiert sich die vorliegende Arbeit durchgängig am Romantext, anhand einer heuristisch geleiteten Analyse soll die Leitmotivik der Trilogie und ihre Bedeutung innerhalb des Mannschen Werkes herausgefiltert werden.

Bezugnehmend auf die Frauenbilder der *Göttinnen* findet sich in der Forschungsliteratur erneut ein größtenteils eindimensionaler Blickwinkel, der sich auf die überwiegende Berücksichtigung des *Venus*-Teils in diesem Zusammenhang zurückführen lässt. So wird die Herzogin von Assy in ihrer Weiblichkeit vor allem interpretiert als todbringende, menschen-, insbesondere männervernichtende, *femme fatale*. Dieser spezifische literarische Typus der dämonischen Frau, der sich bereits in der vorchristlichen Vorstellungswelt antiker Mythen nachweisen lässt[97], erlebt in der Jahrhundertwendeliteratur und -gesellschaft eine Renaissance, die Horst Fritz mit einer gesteigerten Affinität zum Erotischen und Sexuellen erklärt, in Zeiten des Zweifels werden „Liebe und Eros [...] Medien eines totalen Weltbesitzes"[98]. Gleichzeitig, und dies ist die entscheidende Entwicklung, bildet sich der Aspekt der Dämonisierung des Erotischen als Ausdruck einer Kritik an der biederen und intoleranten Bürgergesellschaft des *Fin de Siècle* heraus: „Dirnen und Kurtisanen in der Literatur des 19. Jahrhunderts [...] werden zu Repräsentanten jener humanen Qualitäten, deren Entfaltung die Gesellschaft nicht zulässt [...]. Aus Perspektive der Gesellschaft nimmt sie [die Sphäre des Erotischen] die Qualität des Bedrohlichen und Zersetzenden an"[99]. Aus diesem kurzen Zitat geht bereits hervor, dass die negative Kon-

96 Zur Kritik eines „Überhandnehmens theoretischer Erwägungen innerhalb der Literaturwissenschaft" vgl. Dahlem. Diese erkennt die Gefahr, dass „Theorie zum Selbstzweck wird und der literarische Text außer Acht gerät". Dahlem, Auflösen und Herstellen, S. 12.

97 Hier sei auf die mythologischen Gestalten der Sirenen, Gorgonen sowie auf Einzelpersonen wie Medusa, Medea oder Sphinx verwiesen. Vgl. dazu auch Praz, Schwarze Romantik, S. 167 ff. sowie Schickedanz, der das Aufkommen der *femme fatale* im „alten Griechenland" während des „Übergangs zwischen Matriarchat und Patriarchat" lokalisiert. Schickedanz, Joachim: *Femme fatale: Ein Mythos wird entblättert.* Dortmund: Harenberg, 1983. S. 7. Im Folgenden: Schickedanz, femme fatale.

98 Fritz, Horst: „Die Dämonisierung des Erotischen in der Literatur des Fin de Siècle". In: Bauer Roger et al. (Hrsg.): *Fin de Siècle.* Frankfurt a. M.: Klostermann, S. 1977. S. 442-463, S.447. Im Folgenden: Fritz, Dämonisierung; Bauer, Fin de Siècle.

99 Fritz, Dämonisierung, S. 446.

notation der Sexualität vornehmlich weiblich besetzt ist. Retrospektiv erhält die Thematik der *femme fatale* als *das* Leitmotiv der Jahrhundertwende ihren prominenten Stellenwert aufgrund von Praz einflussreichem Werk zur *Schwarzen Romantik*, in dem er sich der „Belle Dame sans Merci", die eine „von der Hölle inspirierte Liebe"[100] verkörpert, ausführlich widmet[101].

Heinrich Manns Violante von Assy findet diesbezüglich hauptsächlich Beachtung in ihrer Eigenschaft als *femme fatale*. Carola Hilmes etwa, die die dreifache Verwandlung der Herzogin von Assy zwar eingehend thematisiert und jede gesondert analysiert, unterstreicht jedoch insbesondere die „verhängnisvolle Wirkung" des „charakteristischen ästhetischen Typus der Femme fatale, dessen Bedeutungshorizont gerade in diesem Roman in ausgezeichneter Weise abgesteckt [sei]"[102]. Sie deutet das Werk als Darstellung der „Innenperspektive einer Femme fatale"[103], was auch unter dem Hinweis auf die Reflexion und Projektion männlicher Phantasien[104] unzureichend aufgeschlüsselt worden ist. Violante von Assys Eigenschaft, sich nur durch die Augen von anderen zu sehen, tritt im Roman zwar deutlich in den Vordergrund[105], sie wird jedoch von *allen* Nebenfiguren in ihrer jeweiligen Rolle widergespiegelt, über ihre ursprüngliche Identität bleiben der Leser und vor allem sie selbst stets im Unklaren. Das Wesen der Herzogin wird „niemals endgültig" entschlüsselt[106].

Banuls hebt ebenfalls die zerstörerische Seite der Protagonistin hervor, die „mit ihren Launen, ihrer angeborenen Herrschsucht, ihrer selbstverständlichen Überlegenheit, ihrem emphatischen Schweigen durch die 1000 Seiten der Trilogie [wandelt]"[107]. Seiner Ansicht nach ist Violante „eine (nur liebestollere) Schwester der Fiorimonda". Er bemerkt darüberhinaus: „Und das Preislied auf das weibliche Zöli-

100 Vgl. Praz, Schwarze Romantik, S. 173.

101 Vgl. ebd. Kapitel IV, S. 167-250.

102 Hilmes, Carola: *Die Femme fatale: Ein Weiblichkeitstypus in der nachromantischen Literatur*. Stuttgart: Metzler, 1990. S. 70 und 178. Im Folgenden: Hilmes, Femme fatale.

103 Vgl. Ebd. S. 70.

104 Vgl. Ebd. S. 194.

105 Vgl. beispielhaft Gö II, S. 108.

106 Ebd. S. 51.

107 Banuls, H. Mann, S. 54.

bat könnte auch auf sie passen"[108]. Somit erwähnt Banuls eine andere Facette der Protagonistin, die der keuschen *femme fragile*, ohne dieser jedoch die notwendige Beachtung zu schenken, er deutet sie lediglich als Nährboden des körperlichen Erwachens[109]. Seine Sichtweise unterstützend bezieht er sich schließlich auf ein Zitat Heinrich Manns aus dem Jahr 1905: „Jede Frau, die du umarmst, nimmt einen Funken deiner Kraft, ohne dir einen von ihrer dafür zu geben"[110]. In diesem Sinn resümiert Banuls: „Der alte Gedanke des Vampirismus und des Kampfes der Geschlechter ist von Anfang an bis etwa 1910 ein Grundthema im Werk Heinrich Manns"[111]. Die vorangegangenen Thesen sollen nicht in Abrede gestellt werden, sie sind aber für eine umfassende Analyse der *Göttinnen* unzureichend differenziert.

Wenn auch als Mannsche Kritik an der ästhetizistischen Lebensweise interpretierend, erörtern Wuthenow und Emrich die personale Eigenschaft Violantes unisono als „abschreckend", eben weil sie ein Negativbeispiel darstelle, werde sie in ihrer Amoralität überspitzt gezeichnet[112]. Wuthenow erkennt gar in der „genialischen Frau"[113] ein weiteres Negativbeispiel für die Entwicklung der ästhetizistischen Kunst zur „Widernatur, zu einer Form des Lasters, [sie] wir[ke] zerstörerisch [und verdecke] Unreinheit, ja Grausamkeit und Menschenhass"[114]. Emrich deutet den Lebenslauf der Herzogin als „umgekehrten Prozess, das allmähliche Erwachen des dionysischen Geistes"[115], der sich manifestiere „als `weihelos´ heranbrandende Masse, die alles Individuale verschlingt"[116]: „Sie [Violante] wird zum mythischen Idol einer mörderisch-selbstmörderischen Lust, zum Inbegriff eines lustvoll-irrationalen Willens zum Tode, eines humanitätsfernen Massenwahnsinns"[117]. Emrich beruft sich hierbei ausschließlich auf die mahnende Funktion der literarischen

---

108 Vgl. ebd. S. 70.

109 Vgl. ebd.

110 Ebd. S. 72 f.

111 Ebd.

112 Vgl. Wuthenow, Muse, S. 258 sowie Emrich, Macht und Geist, S. 116.

113 Vgl. Wuthenow, Muse, S. 261.

114 Ebd. S. 266 f.

115 Emrich, Macht und Geist, S. 110.

116 Ebd. S. 116.

117 Ebd. S. 122.

Figur, in deren hedonistischem Lebensstil sie eine „vernichtende“ Kritik an Nietzsche erkennen will[118]. Es ist eindeutig zu erkennen, dass sich die bereits vorgestellten Interpretationsansätze zurückführen lassen auf den erwähnten Vorwurf des „ruchlosen Schönheitskultes“[119], dessen Verdikt die „*Göttinnen* seit ihrer Entstehung unterworfen waren“[120]. Weiterreichende Analysen hierzu liefern Jan-Christian Metzler und Ariane Martin, die die Ambivalenz im Wesen Violante von Assys würdigen und in ihrer ersten Verwandlung in die Göttin *Diana* parallel die Verkörperung der „engelhaften Gegenspielerin“[121] der *femme fatale*, die *femme fragile*, beobachten. Metzler konstatiert: „Die Konstruktion der Figur der Herzogin ist so ambivalent, dass sie gleichzeitig als Femme fragile und als Femme fatale, als Hure und als Heilige erscheint“[122]. Metzler erkennt folgerichtig die bipolare Ausrichtung der literarischen Figur: Einerseits ist sie selbst nach einem vitalistischen Lebensprinzip gebildet, andererseits aber eindeutig „lebensschwach“[123]. Augenmerk legt Metzler dabei vor allem auf die Bedeutung der Hysterie als „Grundlage und Bedingung der Kunst“[124] und somit auf das pathologische Moment der Kreativität. Zum Ausdruck einer bestimmten Kunstphilosophie wird Violante seinem Ansatz gemäß im Moment des Sterbens[125], anhand der „Ästhetisierung des Todes“[126] verwandele sie sich

---

118 Vgl. Ebd. S. 123.

119 Vgl. Thomas Mann in Gö, Materialien, S. 40.

120 Vgl. als wenig differenziertes Urteil über die *Göttinnen* beispielhaft Lundgren, der die Fehlinterpretation in Bezug auf Violante als nietzscheanischen „Übermenschen“ übernimmt und ihre Eigenschaft des gleißenden Kunstwerk[es] hervorhebt. Es wird zwar erwähnt, dass dieses Kunstwerk „Risse“ habe, dieser Ansatz wird jedoch nicht weiter ausgeführt. Lundgren, Lars: *Frauengestalten im Frühwerk Heinrich Manns. Interpretationen im Werkzusammenhang*. Stockholm: Almqvist & Wiksell International, 1986. S. 295. Im Folgenden: Lundgren, Frauengestalten.

121 Vgl. Praz, Schwarze Romantik, S. 169.

122 Metzler, Weiblichkeit, S. 124.

123 Vgl. ebd.

124 Ebd. S. 128.

125 Vgl. Ebd. S. 137.

126 Vgl. Ebd. S. 138.

„wieder in die Schutzgöttin der Kunst, die sie bereits im zweiten Romanteil [*Minerva*] war"[127].

Ariane Martin führt in ihrer Arbeit zur „Erotischen Politik" innerhalb Heinrich Manns Gesamtwerk dessen an Frauenbildern orientierte Verarbeitung des Sexuellen im Spannungsfeld der „erotischen Bedrohung der Femme fatale" gegenüber der „spiritualisierten Erotik der Femme fragile" aus[128]. Hierbei wird besonders die „morbide Erotik" der *femme fragile* fokussiert. Deren „hysterische Krankheit" sei nicht nur Inbegriff „psychologisch komplexerer Bewusstseinserweiterung", sondern mache vielmehr das „Zentrum der künstlerischen Erfahrung" auf Basis der Sublimation aus[129]. In Bezug auf die *Göttinnen* deutet Martin nicht allein die offenkundig asexuelle Komponente der *Diana*-Verwandlung als Inkarnation des *femme fragile*-Typus, sie erkennt diesen ebenfalls in der nur auf den ersten Blick diametral gestellten *Venus*-Phase: „Die Venusfigur ebenso wie die von Schwindsucht und Todessehnsucht geprägte Femme fragile der neunziger Jahre [besitzen] metaphysische Qualitäten. Äußerlich verkörpert die Herzogin von Assy eine Alternative zum Frauenbild der neunziger Jahre, im Grunde aber erweist sie sich nur als eine Variante zur Femme fragile, dem Typus eines sublimierten Eros"[130]. Martin macht diesbezüglich aufmerksam auf den „Typus des Naiven"[131], auf den die Herzogin zurückzuführen sei, wodurch sie sich eine „natürliche, heidnische Unschuld" bewahre[132]. Auf diese Weise erklären sich die bestehenden Überlappungen und Brüche in den Wesenszügen innerhalb der verschiedenen Sta-

---

127 Vgl. Ebd. S. 145. Dem letzten Punkt ist nicht zuzustimmen, sterben mit der Herzogin doch ebenfalls die drei mythologischen Verwandlungen, was diese selbst verdeutlicht durch ihr Zerdrücken der drei Flammen eines Kerzenleuchters und der Andeutung einer weiteren Verwandlung im Tode, die sich mit einem „Lächeln" im Schatten ankündigt. Vgl. Gö III, S. 260 f. Hilmes widerspricht einer Deutung des Todes der Herzogin im Sinne Metzlers ebenfalls, sie weist auf die „vierte Verwandlung" Violantes hin, die aber ebenfalls *nicht* der „Schlüssel" zum „wahren Wesen der Protagonistin" sei. Hilmes, Femme fatale, S. 219.

128 Vgl. Martin, Politik, S. 12.

129 Vgl. Ebd. S. 24.

130 Ebd. S. 33.

131 Vgl. Ebd. S. 58.

132 Vgl. Ebd. Auf den Aspekt der Keuschheit trotz gelebter Sexualität macht auch Hilmes aufmerksam, die im Liebesakt ein reines Erleben auf der *Oberfläche* erkennt. Hilmes, Femme fatale, S. 201. Herv. d. Verf.

dien Violantes, die „als Diana schon Venus und als Venus immer noch Diana [sei]“[133].

Wie bereits festgelegt, fordert dies eine Orientierung am Textverlauf, die den Gang der Analyse und Argumentation leitet. Einbezogen werden historische Kunsttheorien und philosophische Schulen, die die Genese des Romans konstituieren. Aufgrund der induktiven Vorgehensweise der vorliegenden Arbeit soll ersichtlich werden, dass die *Göttinnen* als zeitgenössischer Beitrag Heinrich Manns zur Diskussion um die Verortung der Kunst in der modernen Gesellschaft gelesen werden können. Weiterführende literaturtheoretische Zugänge zum Text, die von der Forschung eingehend besprochen wurden, klammert diese Arbeit größtenteils aus, sie sollen allein an jenen Stellen überblickend Beachtung finden, an denen sie für Argumentation und Textverständnis notwendig erscheinen. Hier sei zum einen der gendertheoretische Ansatz erwähnt, welcher in den Untersuchungen zu den Frauenbildern des *Fin de Siècle* eine tragende Rolle spielt. In dieser Arbeit kann das Geschlechterverhältnis und die veränderte Stellung der Frau in der Gesellschaft der Jahrhundertwende sowie die Auswirkungen auf die zeitgenössische Literatur nicht mit einbezogen werden, dies würde den festgesetzten Rahmen weit überschreiten und von der eigentlichen These wegführen[134]. Marginale Anleihen finden sich jedoch innerhalb der Analyse

---

133 Martin, Politik, S. 54. Die intertextuellen Querverweise sowie die zahlreichen Pro- und Analapsen zwischen den Rollen werden im Folgenden eingehend besprochen.

134 Zur gendertheoretischen Interpretation der *femme fatale* vgl. auch Hilmes Arbeit. Sie erkennt in der Konstruktion der dämonischen Frau eine „doppelte Denunziation der Frauen“, welche Ausdruck der „prekären Situation des Mannes“ der Jahrhundertwende sei, „seiner Ichschwäche und verdrängten Triebverfallenheit“. Hilmes, Femme fatale, S. XIII-XIV. Ähnlich argumentieren Schickedanz und Blänsdorf, die die *femme fatale* als Projektionsfläche männlicher Ängste sowie „kollektiver Misogynie“ deuten. Schickedanz, Femme fatale, S. 50 sowie Blänsdorf, Jürgen (Hrsg.): *Die femme fatale im Drama. Heroinen-Verführerinnen-Todesengel.* Tübingen; Basel: Francke, 1999. S. 7-19. S. 12. Im Folgenden: Blänsdorf, Femme fatale. Die Qualität der „kollektiven Phantasie“ erkennen auch Kreuzer und von Braun. Vgl. Kreuzer, Helmut (Hrsg.): *Don Juan und Femme fatale.* München: Fink, 1994. S. 7-17, S. 9. Im Folgenden: Kreuzer, Femme fatale. Vgl. von Braun, Christina: „Die Erotik des Kunstkörpers“. In: Roebling, Irmgard (Hrsg.): *Lulu, Lilith, Mona Lisa...: Frauenbilder um die Jahrhundertwende.* Pfaffenweiler: Centaurus-Verlag, 1998. S. 1-19, S. 4. Im Folgenden: von Braun, Kunstkörper; Roebling, Frauenbilder. Als

des dritten Teils, in dem die Konzeption der Herzogin als *femme fatale* unter Berücksichtigung des Vampirismus-Motivs und der unzähligen männlichen Opfer, die an ihrem Wegesrand zurückbleiben, untersucht wird. Zum anderen wird moderne Literatur häufig in Verbindung gebracht mit den Theorien Freuds und der aufkommenden Psychoanalyse sowie dem übersteigerten Interesse an geistigen Abnormitäten. Diese Arbeit bezieht sich jedoch ausschließlich auf die zeitgenössische Interpretation der „Hysterie" im Zusammenhang mit dem Renaissancismus-Begriff und der Wesensdeutung der Protagonistin als *Minerva* sowie ihrem psychischen und physischen Verfall während der *Venus*-Phase, der als metaphorische Kritik des modernen „kränkelnden" Kunstbegriffs gelesen wird[135].

„Obsession des Mannes" beschreibt sie Gutjahr, Ortrud: „Lulu als Prinzip. Verführte und Verführerin in der Literatur". In: Roebling, Frauenbilder, S. 45-77, S. 46. Im Folgenden: Gutjahr, Lulu als Prinzip. Innerhalb der Reflexionen zur *femme fragile* wird deutlich, dass auch sie zur Kompensation männlicher Wünsche erschaffen wird, Martin konstatiert: „Die inszenierte sittliche Reinheit ist ein erotisches Stimulans", welches sich durchaus in die Nähe perverser Sexualitätsvorstellungen rücken lasse. Vgl. Martin, Politik, S. 44. Berücksichtigt man die kränkliche, todessehnsüchtige Konzeption als Stimulans, ist diese Auffassung folgerichtig. Vgl. auch ebd. S. 49. Balk sieht diesbezüglich die „Neurose" der *femme fragile* als „Korrelat zur Perversion" der *femme fatale*. Balk, Claudia: *Theatergöttinnen. Inszenierte Weiblichkeit.* Basel; Frankfurt a. M.: Stroemfeld, 1994. S. 156. Im Folgenden: Balk, Theatergöttinnen. Zur weiblichen Todesverfallenheit siehe Bronfen, Elisabeth: *Nur über ihre Leiche. Tod Weiblichkeit und Ästhetik.* Würzburg: Königshausen & Neumann, 2004. Im Folgenden: Bronfen, Weiblichkeit. Die gesellschaftlichen Umbrüche beschreibt z. B. Wittmann, Livia Z.: „Zwischen \`femme fatale´und \`femme fragile´- die neue Frau? Kritische Bemerkungen zum Frauenbild des literarischen Jugendstils". In: Jahrbuch für internationale Germanistik 17. H.2, 1985. S. 74-110. Im Folgenden: Wittmann, Neue Frau. Siehe dazu auch Haupt/Würffel, Handbuch, S. 242 ff. und Fänders, Moderne, S. 112.

135 Ausführliche Überblicke zur Bedeutung und Verarbeitung psychologischer Erkenntnisse in der Jahrhundertwendeliteratur geben Wunberg und Lorenz. Siehe auch Haupt/Würffel, die Psychoanalyse und Psychologie ein eigenständiges Kapitel widmen, Handbuch, S. 620-639. Auf die „kollektive Ödipusrevolte" jener Zeit verweist Schorske, Wien, S. XVII. Fähnders bespricht den Zusammenhang von Frauenbildern, „abweichendem Sexualverhalten" und Psychiatrie. Fähnders, Moderne, S. 108 ff. Eine psychologisch undsoziologisch orientierte Deutung des *femme fragile* Motivs der *Fin de Siècle*-Literatur liefert Ariane Thomalla: *Die >femme fragile<. Ein literarischer Frauentypus der Jahrhundertwende.* Düsseldorf: Bertelsmann, 1972. Im Folgenden: Thomalla, *femme fragile*.

Darüberhinaus wird das politische Selbstverständnis des Autors Heinrich Mann größtenteils ausgeklammert, die vorliegende Arbeit folgt der weitgehend homogenen Auffassung der Forschungsliteratur, die die exponierte Stellung des Politischen *nach* Entstehung der *Göttinnen* ansetzt[136]. Somit werden die revolutionären Freiheitsträume der *Diana*-Phase als weitere Referenz auf die Kunst, nämlich deren Autonomietendenzen, gedeutet. Berücksichtigt wird aber die interferierende Stellung des Romans im Gesamtwerk Manns, während der sich Tendenzen einer Suche nach Alternativen zum apolitischen Kunstschaffen ausmachen lassen[137]. Für die Argumentation bedeutsam, wird der soziale Aspekt als Ausweg aus der Misere der Kunst angeschnitten. An diesem Punkt wird die theoretische Grundlegung dieser Untersuchung vorläufig abgeschlossen, stete Rückgriffe erfolgen im weiteren Verlauf der Romantextanalyse.

1.3 Nietzsche, der Ästhetizismus und die *Décadence*: Einflüsse auf den jungen Heinrich Mann

Die literarischen und philosophischen Einflüsse Heinrich Manns in der Frühphase seines Schaffens sind in der Forschung nahezu lükkenlos dokumentiert worden und bereiten umfangreiche Hilfestellung bei der Analyse des jeweiligen Einzelwerkes[138]. Die vorliegende Arbeit wendet die Ergebnisse auf die Romantrilogie *Die Göttinnen* an, um sie eingehend zu differenzieren und auf diese Weise neue Erkenntnisse zu gewinnen sowie die bedeutsame Stellung des immer noch zu gering erfassten „Renaissance-Romans“[139] innerhalb der frühen Phase des Autors herauszuarbeiten. Es soll die besondere, intermediäre Funktion des Textes herausgestellt werden, dokumentiert er doch das interferierende Schreiben Manns zu einer Zeit, in der die Emanzipation des Autors von einflussreichen Vorbildern begann. So galt es nicht mehr allein, die theoretischen Gerüste eines Friedrich Nietzsche nachzuvollziehen, sondern sie „radikal zu Ende

---

136 Vgl. u. a. Schröter, H. Mann; Banuls, H. Mann und Emrich, Macht und Geist. Aufschlussreich ist auch Heinrich Manns autobiographische Retrospektive *Ein Zeitalter wird besichtigt*. Berlin: Aufbau Verlag, 1947. Im Folgenden: Mann, Zeitalter.

137 Vgl. hierzu Martin, Politik, S. 18 ff.

138 Hervorzuheben sind an dieser Stelle die Werke von Banuls, Schröter, Martin, Emrich und J. C. Metzler, wobei diese Aufzählung keinen Anspruch auf Vollständigkeit erhebt.

139 Vgl. Banuls, Nachwort, S. 287.

[zu denken]"[140] und sie auf ihre Durchführbarkeit zu überprüfen. In dem zu besprechenden Roman bedingt die Darstellung des Scheiterns der Protagonistin sowie das Erlebnis der nicht möglichen Durchführung ihrer Lebensentwürfe die Lesart einer entschiedenen Kritik des Autors an wichtigen Thesen Nietzsches, des Ästhetizismus und der *Décadence*, die im Folgenden aufgedeckt werden sollen. Zunächst müssen aber die das Werk prägenden geistesgeschichtlichen Einflüsse umrissen werden. Begonnen wird mit den bereits erwähnten Theorien Nietzsches, die für die Deutung des Werkes eine tragende Rolle spielen und im Text nicht auszulöschende Spuren hinterlassen haben. Dieser proklamiert: „Damit ein Ereigniss Grösse habe, muss zweierlei zusammenkommen: der grosse Sinn Derer, die es vollbringen und der grosse Sinn Derer, die es erleben"[141]. Diese einleitenden Worte des Philosophen im vierten Teil seiner *Unzeitgemässen Betrachtungen* gelten zwar der Auseinandersetzung mit Richard Wagner, können jedoch zweifelsohne zur fundamentalen Geisteshaltung Nietzsches erklärt werden, dessen Theoriebildungen vorbildhaften Charakter für die Herausbildung der literarischen Moderne innehatten und deren Einfluss „sich um die Jahrhundertwende kaum ein Dichter zu entziehen [vermochte]"[142]. Als möglichen Ausweg aus den negativen Begleiterscheinungen des gesellschaftlichen Fortschritts - genannt seien an dieser Stelle *Fin-de-Siècle*-typische Erfahrungen der Entindividualisierung, Orientierungslosigkeit, Weltuntergangsangst, Verfallssymptome sowie der aufkeimende Konflikt zwischen den Sphären der Kunst und des („nützlichen") Lebens - bietet Nietzsche bereits zwei Dekaden zuvor die Orientierung an der „Ästhetik des einsam Schaffenden, [der] Apotheose des schöpferischen Lebens und [die Alternative der] Kunst als der höchsten Ausdrucksform des Lebens"[143], welche einhergeht mit der in der literarischen Moderne populär gewordenen „Zerstörung der mimetischen Illusion"[144] und den Autonomisie-

---

140 Vgl. Emrich, Macht und Geist, s. 82.

141 Nietzsche, Friedrich: *Richard Wagner in Bayreuth*. In: ders.: *Werke. Kritische Gesamtausgabe*. Hg. v. Giorgio Colli und Mazzino Montinari. Vierte Abt. 1. Band. Berlin: de Gruyter, 1976. S. 3. Im Folgenden: Nietzsche, Wagner.

142 Meyer, Theo: „Nietzsche als Paradigma der Moderne". In: Piechotta, Moderne, S. 136-171, S. 157. Im Folgenden: Meyer, Nietzsche.

143 Vgl. ebd.

144 Piechotta, Hans Joachim: „Einleitung: Die Differenzfunktion der Metapher in der Literatur der Moderne". In: Ders., Moderne, S. 9-68, S. 32.

rungstendenzen der Kunst[145]. „Ausgangs- und Hauptgedanke Nietzsches ist, dass das Leben nur als `ästhetisches Phänomen´ gerechtfertigt werden kann"[146], stellt Meindert Evers treffend fest und in dieser Aussage spiegelt sich des Philosophen Lösungsversuch der Problematik seiner Zeit wider. Die absolute Konzentration auf das Diesseitige, bedingt durch die Absage an eine göttliche Instanz, fordert die alternative Befriedigung der spirituellen Bedürfnisse des Menschen und diese glaubt Nietzsche in der Überhöhung der Kunst zur Ersatzreligion gefunden zu haben. Somit wird die Sublimationsfunktion der Kunst potenziert, sie dient nicht mehr allein der Kompensierung unbefriedigter Wünsche des Lebens, sondern bestimmt auch die psychische Konstitution des Individuums neu, da „[alles] Geistige radikal in Frage [zu stellen ist]"[147]. Diese „Schaffensästhetik"[148] findet ihren Daseinssinn allein im künstlerischen Akt und begründet Nietzsches „vitalistische Kunst- und Lebensphilosophie"[149], die die Verklärung der Tat und die Kultivierung der zweckfreien Schönheit zur Folge hat. Kunst bildet nicht länger das Leben ab, Kunst *ist* Leben und somit soll alles natürlich Lebendige künstlerisch überformt werden. Meyer stellt hierzu fest: „Es ist dieses Pathos des `Lebens´, das um die Jahrhundertwende und in der Folgezeit eine so starke Wirkung auf die Zeitgenossen ausübt"[150]. Diese Sichtweise auf die Funktion von Kunst und Leben prägt auch Heinrich Manns Kunstverständnis, wie auch in seinem späten Werk *Ein Zeitalter wird besichtigt* zu lesen ist: „Das Leben stark fühlen ist alles. Es gibt die Werke und die Taten. Es bannt das menschliche Gefolge"[151]. In dieser Weise verändert sich die Auffassung vom Lebenskonzept in der literarischen Moderne, der Erfahrung von Verfalls- und Untergangssymptomen wird mit Entschiedenheit die Vorstellung von einem ästhetisch überhöhten Leben gegenüberge-

---

145 Vgl. Fähnders, Moderne, S. 3.

146 Evers, Meindert: „Wir haben die Kunst, damit wir nicht an der Wahrheit zugrunde gehen. Nietzsche und die `ästhetische Perspektive´". In: Maier, Thomas (Hrsg.): *Das Lachen des Dionysos: Nietzsche und die literarische Moderne.* Essen: Die Blaue Eule, 2002. S. 61-85, S. 11. Im Folgenden: Meindert, Nietzsche; Maier, Nietzsche.

147 Ebd. S. 10.

148 Meyer, Nietzsche, S. 144.

149 Evers, Nietzsche, S. 20.

150 Meyer, Nietzsche, S. 152.

151 Mann, Zeitalter, S. 6.

stellt. Unter Bezugnahme dessen ist der immense Einfluss Nietzsches auf die Autoren der Jahrhundertwende verständlich, da das Konzept „Leben" ein zentraler Begriff innerhalb seiner philosophischen Theoreme ist[152]. Für die literarische Thematik der Zeit bedeutet dies, dass versucht wird, überall „Gegenwelten" zu errichten, „reine Kunstwelten"[153], die den Alltag mystifizieren, um so vor der grassierenden Gegenwarts- und Zukunftsangst abzulenken oder sie schlichtweg zu ignorieren.

Heinrich Mann setzt sich ebenfalls mit einer solchen „Möglichkeit der Erlösung" vom Leiden der „Spätgeborenen"[154] in den *Göttinnen* auseinander. „Frei, stark und schön"[155] wandelt seine Heldin Violante von Assy durch die Stationen ihres Lebens und „glaubt nur an Träume"[156]. In ihrer Konzeption folgt Mann Nietzsches Vorliebe für die „dionysischen Griechen" zur „Zeit der Aischylos- und Sophokles-Tragödien"[157]. Die Anerkennung der „Duplicität des Apollinischen und Dionysischen" in der Kunst ist nach Nietzsche Vorbedingung aller Kreativität[158]. Die beiden gegensätzlichen Konzepte des Kunstschaffens bilden, referierend auf ihre antiken Namensspender, in Nietzsches Schrift *Die Geburt der Tragödie aus dem Geiste der Musik*[159]die theoretische Grundlage zum Verständnis der Künstlerpersönlichkeit. Hier bedingt die „apollinische Kunstwelt", die „Kunst des Bildners", die Kreativität auf Grundlage des Traumes. „Apollo als das herrliche Götterbild des principii individuationis" schaffe eine Kunst der Selbsterkenntnis, die des Künstlers Blick für den „schönen Schein" herausbilde[160]. Für diese Art der Kunstpro-

---

152 Vgl u.a. Evers, Nietzsche, S. 20 und Rasch, Wolfdietrich: *Zur deutschen Literatur seit der Jahrhundertwende.* Stuttgart: Metzler, 1967. S. 9. Im Folgenden: Rasch, Jahrhundertwende. Siehe auch Schröter, H. Mann, S. 73.

153 Vgl. Koopmann, Helmut: „Entgrenzung- Zu einem literarischen Phänomen um 1900". In: Bauer, Fin de Siècle. S. 73-93, S. 79. Im Folgenden: Koopmann, Entgrenzung.

154 Vgl. Nietzsche, Tragödie, S. 27. Der Begriff der „Spätgeborenen" geht auf Hofmannsthal zurück. Vgl. ders.: *Gabriele d´Annunzio.* Gekürzt in: Wunberg, Moderne, S. 340-344.

155 Evers, Nietzsche, S. 17.

156 Gö I, S. 22.

157 Evers, Nietzsche, S. 17.

158 Vgl. Nietzsche, Tragödie, S. 21.

159 Veröffentlicht 1872.

160 Vgl. Nietzsche, Tragödie, S. 21ff.

duktion erkennt Nietzsche als oberstes Gebot die Maßhaltung an, die zur „Vergöttlichung" der Individualität beitrage, was bedeutet, dass der Künstler - trotz des Bewusstseins über sich selbst und seine Position - nicht zu weit vordringen darf in die Tiefen seiner Seele, dies würde eine Verschmelzung von ihm als Subjekt und seiner Kunst als Objekt zur Folge haben, welche die zuvor erreichte Einzigartigkeit wieder zunichte machen würde.[161] Nietzsche verwendet an dieser Stelle den Prometheus-Mythos zur Verdeutlichung seiner Theorie, es drängt sich aber ebenfalls das biblische Gleichnis der Vertreibung aus dem Paradies auf, dem Menschen werden „die Augen aufgetan", nachdem er vom Baum der Erkenntnis gekostet hat und er kann daraufhin nicht mehr im Paradies verweilen sowie niemals mehr dorthin zurückkehren[162]. Angewendet auf den „apollinischen Traumkünstler"[163] heißt das, dass er die Welt des (Kunst-)Traumes nicht verlassen darf, da dies den Verlust der künstlerischen Individualität zur Folge hätte.

Dem apollinischen Prinzip steht diametral das Konzept des „dionysischen Rauschkünstlers"[164] gegenüber, das den „Bund zwischen Mensch und Mensch" wieder zusammenschließe[165] und „die Zereissung des principii individuationis [...] als künstlerisches Phänomen" hervorbringe[166]. Im Dionysischen wird „die Kunst als ein Rauschmittel betrachtet, das [dem Künstler] die ekstatische Loslösung von seinem Selbst ermöglichen soll"[167] und Autonomie sowie Selbstüberwindung inauguriere. Der dionysische Künstler vollzieht, was der apollinische fürchtet, er vergisst sich selbst[168] und schafft so Kunst in seiner Verschmelzung mit dem künstlerischen Objekt[169]. Ein weiterer für die nachfolgenden Analysen bedeutsamer Aspekt

---

161 Vgl. ebd., S. 36.

162 Vgl. *Die Bibel*, Genesis 1. Mose 3.1-3.19. Das Motiv des Gartens, welches in den *Göttinnen* eine tragende Rolle spielt und ebenfalls auf den biblischen Garten Eden verweist, wird in Kapitel 3.3.2 dieser Arbeit zur Diskussion gestellt.

163 Kupfer, Künstliche Paradiese, S. 267.

164 Ebd.

165 Nietzsche, Tragödie, S. 25.

166 Ebd. S. 29.

167 Kupfer, Künstliche Paradiese, S. 267.

168 Vgl. Nietzsche, Tragödie, S. 25.

169 weshalb die Kunstwelt des Rausches im Sinne Nietzsches eigentlich der Sphäre der Musik vorbehalten bleibt. Vgl. ebd. S. 21.

liegt dem dionysischen Konzept zugrunde: Die konsequente Einbeziehung des Diesseitigen. Während der apollinische Künstler, sozusagen „entrückt von der Welt", im Traum neue Realitäten schafft, findet der dionysische Künstler durch die Vereinigung mit der Natur „das ganze Uebermaass der Natur in Lust, Leid und Erkenntniss"[170], „seine Einheit mit dem innersten Grunde der Welt" offenbare „gleichnissartige Traumbilde"[171]. Das Schaffen und Erleben von Kunst ist somit an die Erfahrung der diesseitigen Realität geknüpft, die jedoch nur im Rauschzustand als künstlerisch verwertbar empfunden wird. Hier offenbart sich die Gemeinsamkeit der eigentlich polarisierenden Konzepte, beide benötigen Substitute, den Traum auf der einen, den Rausch auf der anderen Seite, als Vorbedingung für Kreativität. Die erlebte Realität, das „gewöhnliche" Leben, bietet keinen Anreiz zur Produktion von Kunst. Diese Theorie entspricht der innovativen antimimetischen Schaffensästhetik, die führende Künstler der Jahrhundertwende propagieren: „Der schaffende Wille des Menschen erscheint als höchste Potenz überhaupt"[172], wobei Dichtung „kein Spiegelbild des Lebens [ist], sondern das Gegenteil, der Versuch nämlich, über Grenzen der Wirklichkeit hinwegzuspringen zu einer visionären, eigengesetzlich strukturierten Welt, in der das nicht einmal als möglich Vorstellbare wirklich gegeben ist"[173].

Nietzsches Überlegungen kulminieren in der Charakterisierung des „dionysisch-apollinischen Genius und seines Kunstwerkes", deren Ursprünge er in der griechischen Tragödie erkennen will[174]. Er postuliert: „Apollo konnte nicht ohne Dionysos leben!"[175]. Das Dionysische ist, gleich der Theorie des Unbewussten in der Psychoanalyse, wesentlicher Bestandteil des Menschen, der Ausdruck des Triebes, der nie ganz unterdrückt werden kann. Gemäß Nietzsche vollzieht sich also in der Synthese von Rausch- und Traumkünstler die Verschmelzung von Kunst und Leben: Der ideale Künstler sei derjenige, welcher „in dionysische[r] Trunkenheit und mystische[r] Selbstentäusserung, einsam und abseits von den schwärmenden Chören niedersink[e] und [dem sich], durch apollinische Traumeinwirkung,

---

170 Ebd. S. 34.

171 Ebd. S. 27.

172 Meyer, Nietzsche, S. 137.

173 Koopmann, Entgrenzung, S. 77.

174 Vgl. Nietzsche, Tragödie, S. 38-48.

175 Ebd. S. 36.

sein eigener Zustand d. h. seine Einheit mit dem innersten Grunde der Welt in einem gleichnissartigen Traumbilde offenbar[e]"[176].

Was bedeuten die vorangestellten Überlegungen nun für die Konzeption der *Göttinnen*? Das Werk Nietzsches entfaltet seinen Einfluss auf die Schriften Heinrich Manns ab den neunziger Jahren des 19. Jahrhunderts[177], es bietet die Alternative zum Zeitgefühl eines „allgemeinen kulturellen `Verfalls´"[178], eines „schwindelnden Weltzustandes"[179], durch das Schildern der „dämonische[n], dionysische[n], magnetische[n], autoritäre[n] Persönlichkeit derer [...], die das Unglück nicht haben, sich nicht mehr zu gefallen"[180]. So sind die drei Verwandlungen der Herzogin von Assy geprägt von einem Wettstreit des apollinischen Lebensprinzips mit dem des dionysischen, wobei letzteres scheinbar die Oberhand gewinnt. Heinrich Mann beschreibt, zunächst oberflächlich umrissen, einen „Kult der Schönheit"[181], abgelöst durch das „allmähliche Erwachen des dionysischen Geistes"[182]. Wie an späterer Stelle aufgezeigt wird, verfolgt er in dem Roman jedoch keinen „ruchlosen Schönheitskult"[183], er stellt bereits in den Skizzen zum Text die Behauptung auf: „Die Schönheit, bei der man zu lange verweilt, versengt und trocknet aus"[184]. Er setzt sich also durchaus kritisch auseinander mit Nietzsches Betrachtung „der Kunst unter der Optik des Lebens"[185], die ein unstillbares „Verlangen nach Schönheit"[186] zur Folge hat. Insbesondere im *Venus*-Teil der *Göttinnen* offenbart sich dies durch das „ständige Umschlagen eines personalen Selbst in ein mythisch entgrenztes Dasein und umgekehrt"[187].

176 Nietzsche, Tragödie, S. 26 f.

177 Vgl. Schröter, H. Mann, S. 69 sowie Banuls, André: *Thomas Mann und sein Bruder Heinrich*. Stuttgart: Kohlhammer, 1968, S. 102. Im Folgenden: Banuls, Th. Mann; Emrich, Macht und Geist, S. 96.

178 Schröter, H. Mann, S. 73.

179 Rasch, Jahrhundertwende, S. 9.

180 Banuls, Th. Mann, S. 119.

181 Ebd.

182 Emrich, Macht und Geist, S. 110.

183 Thomas Mann in Gö, Materialien, S. 349.

184 Heinrich Mann in Gö, Materialien, S. 304.

185 Nietzsche, Tragödie, S. 8.

186 Ebd. S. 9.

187 Emrich, Macht und Geist, S. 96.

Eine Auseinandersetzung Manns mit einem weiteren Gedankengut der Jahrhundertwende, welches erneut mit einer wesentlichen Aussage Nietzsches verknüpft ist, findet sich in der Romantrilogie: Die „ästhetische Kritik am Bürger"[188]. Die Herzogin von Assy gestaltet ihr Leben als ästhetisches Phänomen[189], sie besitzt das Vorrecht und das natürliche Auserwähltsein, ihren „Gesinnungen" zu folgen und nicht auf „Handlungen" angewiesen zu sein, was diejenigen charakterisiert, „die keine Bürger sind"[190]. Dem Weltlichen enthoben, befremden sie alltägliche Bedürfnisse des Menschen wie die Notwendigkeit des Gelderwerbs[191], doch auch ihren adligen Zeitgenossen fühlt sie sich wenig verbunden: „Unvermutet empfand sie es, wie weit sie getrennt war von diesen Menschen und ihren Seelenleben"[192]. Das von Nietzsche propagierte „Lebenspathos"[193] ist in der Trilogie ebenfalls nach den Vorgaben der ästhetizistischen Theorie gestaltet, Heinrich Mann spricht diesbezüglich von „Abenteuern, Ästhetizismus, Fleischlichkeit", die sich zu „Sinnlichkeit" verdichteten, „um [den Leser] über den Alltag zu erheben"[194].

Wie bereits erwähnt, vollzieht sich ab der Mitte des 19. Jahrhunderts ein Umdenken im Bezug auf das Verhältnis zwischen Künstler und Kunstwerk, der zu einem Funktionswandel der Kunstproduktion führt. Die Kunst entsagt ihrem mimetischen Anspruch, da die „Natur als Mimetisierbare zurückgedrängt [wird]", wobei dem Problem der nun entstandenen Dysfunktionalität von Kreativität das „neue Schöne" als Wirklichkeitsersatz gegenübergestellt wird[195]. Die Autonomie der Kunst, die sich selbst genügt, führt zu einer „bis dahin unerhörten Glorifizierung der Kunst"[196], die jeglichen Utilitarismus ablehnt und dem Prinzip des *l´art pour l´art* folgt[197]. Wuthenow setzt den Höhepunkt dieser Bestrebungen innerhalb der „Epoche nach

---

188 Schröter, H. Mann, S. 109.

189 Vgl. Nietzsche, Tragödie, S. 43.

190 Vgl. Gö I, S. 132.

191 Vgl. Gö, Nachwort, S. 289.

192 Ebd. S. 153.

193 Rasch, Jahrhundertwende, S.18.

194 Heinrich Mann in Gö, Materialien, S. 300 und 331.

195 Vgl. Wuthenow, Muse, S. 57 und 114.

196 Ebd. S. 11.

197 Zur Begriffsgenese vgl. Heftrich, Eckard: „Was heißt l´art pour l´art". In: Bauer, Fin de Siècle, S. 16-30. Im Folgenden: Heftrich, l´art pour l´art.

Flaubert" fest[198], also zu Beginn der literarischen Moderne, genauer, der Literatur der Jahrhundertwende. Eine vollendete Widerspiegelung jener Verhältnisse findet sich im zweiten Teil der *Göttinnen*-Trilogie Heinrich Manns, in der *Minerva*-Phase der Herzogin von Assy. Hier verwandelt sich die Protagonistin in die Schirmherrin der Kunst vergangener Zeiten. In der symbolträchtigen Stadt Venedig wird sie zum Renaissancemenschen, der den Degenerationserscheinungen der Gegenwart die zum Ideal stilisierte, glorreiche Vergangenheit gegenüberstellt. Eine Allegorie hierfür findet sich bereits im *Diana*-Band durch die proleptische Beschreibung ihrer venezianischen Residenz: „Ich denke schon all diese Zeit an ein Haus, das ich erbauen will. Ja, in Venedig will ich es errichten, denn mit seinen Statuen soll es sich spiegeln in einem trägen, dunklen Wasser"[199]. Nietzsche erneut aufgreifend, der „überall um sich herum [...] Zeichen der Ermüdung [und] der Erschöpfung [sieht]"[200], symbolisiert das Wasser, „träge" und „dunkel", die breite Masse der Menschheit, die beim Versuch, die schnelllebige moderne Zeit einzuholen, lahm geworden ist und die fortan in Unwissenheit verweilt, da der Blick trübe geworden ist für wahre Erkenntnis. Diese Erkenntnis, die somit nur wenigen Menschen gestattet ist, wird verkörpert durch die Statuen. Rückgreifend auf die antike griechische Kunst, stehen sie für ideale Schönheit, Erhabenheit und Ewigkeit. Die letztgenannte Eigenschaft der Dauer ist von besonderer Bedeutung, impliziert sie doch eine Fluchtmöglichkeit aus dem „Leiden an der Moderne"[201] durch eine Zurückdrehung der Zeit, was darüberhinaus eine Drosselung der Fortschrittsgeschwindigkeit zur Folge haben soll. Dies lässt den Künstler zu einer anachronistischen Erscheinung mutieren, der eine regressive historische Rolle einnimmt und ihn als letzte Verbindung zu „abgelebten Epochen", zum Zeugnis der „kindhaften Entwicklungsstufe des Menschen" stilisiert[202]. In den *Göttinnen* findet sich diese Theorie durchgängig wieder in den Motiven des „weißen Kindes" und der mythologischen Referenz auf „Chloe", mit deren Rollen sich die Herzogin von

198 Wuthenow, Muse, S. 105.

199 Gö I, S. 241.

200 Evers, Nietzsche, S. 11.

201 Fähnders, Moderne, S. 94.

202 Vgl. Wuthenow, Muse, S. 39.

Assy von ihrer ersten bis zu ihrer letzten Verwandlung stetig identifiziert[203].

Das Paradoxon, das aus diesen Annahmen entsteht, findet sich in der gewollten Vereinigung der unvereinbaren zeitlichen Dimensionen von Vergangenheit, Gegenwart und Überzeitlichkeit, Ewigkeit soll durch Kreativität „aus zweiter Hand" garantiert werden. Wie aber soll solch ein Vorhaben Früchte tragen, wenn sich dabei bewusst bedient wird an den „abgelebten Epochen", Epochen also, die durch das Prädikat „vergangen" ausgezeichnet werden können und somit gerade *nicht* tauglich waren, um ewige Beständigkeit hervorzubringen? Auf diese Schwachstelle der Ästhetizismustheorie wird an späterer Stelle im Rahmen der Analyse der *Minerva*- und *Venus*-Phase der *Göttinnen* ausführlich eingegangen. Festzuhalten bleibt an dieser Stelle die Tatsache, dass die Nietzsche- und Ästhetizismus-Rezeption des jungen Heinrich Mann die Konzeption der *Göttinnen*-Trilogie entscheidend beeinflussten und der Roman als intensive Auseinandersetzung mit der Materie gelten kann. Das „Bewusstsein genialischer Ausnahmeexistenz, [der] Anspruch geistiger Nobilität und [ein] elitäre[s] Pathos bewusster Anti-Gesellschaftlichkeit" der Protagonistin führen sie zu einer „Theorie der Kunst als einer neuen, den Zwangsmechanismen und der Hässlichkeit des banalen Lebens enthobenen, das Dasein überhöhenden bzw. deutenden Wirklichkeit"[204]. Die *Minerva*-Phase der Herzogin verkörpert den Höhepunkt der Kunstverherrlichung und des Lebensverzichts, während der sie sich damit begnügt, „nur zu *sehen*, ohne Anteil zu nehmen" sowie „darauf achte[t], dass [ihre] Anteilnahme nicht ausschweifend wird"[205]. Ein Selbsteingeständnis ihrer Ausnahmestellung vom und im Leben findet sich zu Beginn des Wirkens der Herzogin in Venedig:

> „Ich frage niemals, wie es in fremden Seelen aussieht, ich fürchte zu sehr die unsauberen Antworten. Viel lieber begnüge ich mich mit Verkleidung Oberfläche, Spiel, und lasse allen Seelen ihre Schönheit gelten, die eine geschickte Hülle angelegt haben. Die Schönheit aber, der wir ohne Enttäuschung bis auf den Grund der Seele gehen können, sie ge-

---

203 Vgl. u. a. Gö I, S. 13 und 22 sowie Gö III, S. 206.

204 Werner, Cultur, S. 88 f.

205 Wuthenow, Muse, S. 77.

> hört den Kunstwerken und den seltenen Menschen, die vollkommen sind wie sie"[206].

Dieser Ausspruch der Herzogin paraphrasiert Nietzsches Überlegungen zur Schönheit, die das dem Leben „inhärierende Leiden" besiegt[207]. Das Leben der gewöhnlichen Menschen erklärt Violante von Assy in der *Minerva*-Phase zum Antagonisten der Schönheit, „die ästhetische Kategorie des `Hässlichen´ dient als Begründung der Kritik am Bürger im Werk Heinrich Manns von 1894 bis 1905"[208]. Für die Argumentation von Bedeutung ist die ideologische Charakterisierung des Bürgers durch die Herzogin von Assy: „So nenne ich alle, die häßlich empfinden und ihre häßlichen Empfindungen obendrein lügenhaft ausdrücken"[209]. Hier findet sich erneut der Anspruch auf Wahrhaftigkeit von Kunst, die keinem Zweck dient und auf diese Weise ihre exklusive Schönheit wenigen offenbart, während sie für den Großteil der Gesellschaft zur Chiffre wird[210]. Unter Einbeziehung des bisher Herausgearbeiteten ist ein Leitmotiv der *Göttinnen* somit die literarische Verarbeitung der Ästhetizismustheorie, welche laut Wuthenow „nicht nur zu den Voraussetzungen, sondern auch zu den Merkmalen der Moderne" gehört[211]. Heinrich Mann verfolgt, insbesondere in *Minerva*, eine „konsequente Künstlichkeit des Kunstprinzips, [einen] entschlossenen Stilwillen [und eine der] sich entwickelnden Formen des Hermetismus"[212] durch Passivität, mythologische Überhöhung und geistige Teilnahmslosigkeit seiner Heldin sowie deren Unfähigkeit zur Reflexion und sozialer Bindung. Diese Merkmale, die das Wesen der Herzogin von Assy bestimmen, bilden den „Schein" der Stärke und Schönheit[213]. In dieser Überlegung findet sich ein weiterer Wider-

---

206 Gö II, S. 27.

207 Vgl. Nietzsche, Tragödie, S. 104.

208 Schröter, H. Mann, S. 80. Auf das Verhältnis Heinrich Manns zur bürgerlichen Gesellschaft während der Frühphase seines Schaffens wird in dieser Arbeit nicht genauer eingegangen, da dies zu weit über den zu Beginn abgesteckten Rahmen der Untersuchung hinausgehen würde.

209 Gö I, S. 133.

210 Vgl. in diesem Zusammenhang Kupfer, Künstliche Paradiese, S. 162-177.

211 Wuthenow, Ralph-Rainer: „Der europäische Ästhetizismus". In: Piechotta, Moderne, S. 112-135, S. 133. Im Folgenden: Wuthenow, Ästhetizismus.

212 Ebd.

213 Vgl. ebd. S. 114. Diese Attribute konstituieren ebenso das Wesen der Ästhetizismustheorie.

spruch innerhalb der Theorie, der sich bis zu Nietzsche zurückverfolgen lässt. Wuthenow bestimmt die charakteristischen Merkmale des Ästhetizismus und erklärt, dass das Kunstwerk rücksichtslos wird gegenüber „allem, was nicht seiner Sphäre angehört", gleichzeitig bedingen Resignation und Passivität einen Lebensstil der Funktionslosigkeit[214]. Schaut man nun genauer in die theoretischen Schriften der Autoren der Jahrhundertwende, findet sich etwa bei Hermann Bahr unter dem Schlagwort „Dilettantismus", welches er in die Strömung der *Décadence*[215] einordnet, eine ähnliche Definition wie die oben genannte. Die *Décadents* aber galten im Ästhetizismus und bei Nietzsche als Inbegriff der Lebensschwäche und Hässlichkeit und widersprachen dem vitalistischen Lebensmodell. Nietzsche selbst identifizierte einst die „drei Stimulanzien der Angekränkelten und Geschwächten: das Brutale, das Künstliche und das Unschuldige"[216], die die Niedergangs- und Endzeitstimmung der Jahrhundertwende, kurz „Epochenmüdigkeit"[217], begünstigen. Dabei schien der Philosoph aber die offenkundigen Parallelen, die zwischen Ästhetizismus und *Décadence* bestehen, zu ignorieren.

Um diese zu belegen bedarf es zunächst eines genauen Blickes in die Seelenstände der *Décadents*. Anknüpfend an einen weitreichenden Grundgedanken des romantischen Weltbildes, das künstliche Paradiese zu errichten suchte, was das „unvermeidliche Resultat der Gegenüberstellung einer wunderbaren, aber ewig verlorenen Vergangenheit und einer leeren, aber ewig aktuellen Gegenwart [wäre]"[218], stellt Ernst Mach 1885 die Krankheitsdiagnose seiner Zeit: „Das Ich ist unrettbar"[219]. Diese Formel greift Hermann Bahr, Initiator der Gruppe „Junges Wien", drei Jahre später auf und macht sie zum Schlagwort der Theorieansätze der dekadenten Schule[220]. Er

---

214 Vgl. Wuthenow, Muse, S. 105.

215 Bahr, Hermann: *Décadence und Dilettantismus*. In: Wunberg, Moderne, S. 234-239. Im Folgenden: Bahr, Dilettantismus. Der Begriff geht zurück auf den französischen Literaturhistoriker Désiré Nisard (1834). Vgl. Haupt/Würffel, Handbuch, S.31.

216 Nietzsche in Wuthenow, Muse, S. 48 f.

217 Fähnders, Moderne, S. 95.

218 Pascal in Kupfer, Künstliche Paradiese, S. 205.

219 Mach, Ernst: *Antimetaphysische Vorbemerkungen*. In: Wunberg, Moderne, S. 137-145.

220 Vgl. Wunberg, Moderne, S. 41f. und Bahr, Hermann: *Das unrettbare Ich*. In: Ders. S. 147-148.

postuliert gleichzeitig die Überlebensstrategie in Bezug auf die Dissoziationsangst seiner Zeit:

> „Das Ich ist unrettbar. Die Vernunft hat die alten Götter umgestürzt und entthront. Nun droht sie, auch uns zu vernichten. Da werden wir erkennen, dass das Element unseres Lebens nicht die Wahrheit ist, sondern die Illusion. Für mich gilt nicht, was wahr ist, sondern was ich brauche und so geht die Sonne dennoch auf, die Erde ist wirklich und Ich bin Ich"[221].

In diesem Zitat finden sich Gegensätzlichkeiten, aber auch eine entschiedene Gemeinsamkeit zwischen Ästhetizismus und *Décadence*. Während der Ästhetizismus, wie weiter oben ausgeführt, einen unbedingten Wahrheitsanspruch verfolgt, den er in der Überhöhung und Absolution der Kunstschönheit zu finden glaubt, setzt die *Décadence* die Wahrheit zugunsten der Illusion zurück, um den Ichverlust zu kompensieren. Dem „entfesselten Individualanarchismus"[222] des dionysischen Künstlertypus Nietzsches setzt Bahr die Maxime „täglich ein anderer [zu] sein"[223] entgegen. So definiert er schließlich die *Décadence* als „Romantik der Nerven" und setzt ihre Ausprägungen fest als „Stimmungen", die Gefühle negieren. Die „Suche nach dem inneren Menschen" sei die „Flucht in ein durchaus künstliches Leben", zu der „Hingabe an das Nervöse" käme eine „fiebrische Sucht nach dem Mystischen", da „an ihnen [den *Décadents*] immer ein unersättlicher Zug ins Ungeheure und Schrankenlose" und „alles Gewöhnliche, Häufige, Alltägliche ihnen verhaßt [sei]"[224].

Aus diesen Betrachtungen ergibt sich die ästhetizistische Kritik Nietzsches an der *Décadence*. Flucht in die Künstlichkeit resultiert aus der Einsicht in die Hässlichkeit des banalen Lebens, nur wird diese nicht etwa negiert oder ihr entgegenwirkt, sondern sie wird künstlerisch verwertet, wie es etwa Felix Dörmann eindrucksvoll lyrisch paraphrasiert: „Ich liebe, was niemand erlesen/Was keinem zu lieben gelang/Mein eigenes, urinnerstes Wesen/Und alles, was

---

221 Ebd. S. 148.

222 Fähnders, Moderne, S. 83 f.

223 Notiz von 1891. Zitiert in ebd. S. 86.

224 Bahr, Hermann: *Die Décadence*. Gekürzt in: Wunberg, Moderne, S. 225-232. Im Folgenden: Bahr, Décadence.

seltsam und krank"[225]. Nietzsche verurteilt diese Sichtweise, indem er entgegenhält:

> „Man frage sich, ob das fieberhafte und so unheimliche Sichregen dieser Cultur [der `modernen, unbefriedigten´] etwas Anderes ist, als das gierige Sichregen und Nach-Nahrung-Haschen der Hungernden- und wer möchte einer solchen Kultur noch etwas geben wollen, die durch alles, was sie verschlingt, nicht zu sättigen ist?"[226].

Auch die meisten der damaligen Kulturkritiker verurteilen, wie Walter Wiora aufzeigt, das Tragen und die Kultivierung dieses „Todeskeims" durch die *Décadents*[227]. Im Zeitalter der aufkommenden Psychoanalyse wird die *Décadence* häufig mit dem Krankheitsbild des Neurotischen gleichgesetzt, so polemisiert Ottokar Stauf von der March 1903:

> „Um krank zu werden, dazu bedarf es von vornherein einer gewissen perversen Naturanlage [...]. Vom Bazillus und der *Décadence* gilt das gleiche. Zum Dekadenten muß man talentiert sein, d. h. man muß seidene Nerven besitzen, die beim geringsten Luftzug ein verwirrendes Stimmungs-Tremolo tanzen [...]. Kommt zu dem allen noch eine rationelle oder auch unrationelle Dosis von eleganter Pose, ein Kursus in der Akademie für höhere Schminkkunst- so ist der Dekadent fix und fertig"[228].

Zusammengefasst bedeutet dies, dass den *Décadents* zum Vorwurf gemacht wird, in der Hässlichkeit der modernen Welt aufzugehen und ihr Selbstmitleid so zu kultivieren, dass sie ebenso träge werden wie der nichtkünstlerische Rest der Gesellschaft. Die Ästhetizisten hingegen treibt das Vorhaben an, die Hässlichkeit zu überwinden und einzig die Sphäre der Schönheit als wahrnehmbare, künstliche Realität anzuerkennen. Was beide Strömungen jedoch eint, ist der gemeinsame Ausgangspunkt. Beide stellen der Wirklichkeit Gegenwelten des Scheins auf Grundlage der Sublimation gegenüber

225 Dörmann, Felix: *Was ich liebe*. In: Wunberg, Moderne, S. 357.

226 Nietzsche, Tragödie, S. 142.

227 Wiora, Walter: „Die Kultur kann sterben - Reflexionen zwischen 1880 und 1914". In: Bauer, Fin de Siècle. S. 50-73, S. 57. Im Folgenden: Wiora, Kultur.

228 Stauf von der March, Ottokar: *Die Neurotischen*. In: Wunberg, Moderne, S. 241.

und exkludieren sich auf diese Weise vom alltäglichen Leben[229]. Ebenfalls vertreten beide Theorien das Modell des Traumes als Substitut der Welt und Inbegriff der Kunst. Bahr hält hierzu fest: „Das Leben fliehen, durch Laune, Wahn und Traum verdrängen, in sich vergessen - das ist Sinn dieser Décadence", die von der Kunst verlange „unwirklich, Traum und nichts als Traum zu sein"[230]. Bei Nietzsche ist der Traum vor allem in Gestalt des apollinischen Künstlers verwirklicht, in Verbindung mit dem dionysischen Rauschkünstler werde dem Individuum „seine Einheit mit dem innersten Grunde der Welt in einem gleichnissartigen Traumbilde offenbart"[231]. Diese übereinstimmenden Gedanken der oppositiven Theorien vereinen sich bei Heinrich Mann im Wesen der Herzogin von Assy, die gleich zu Beginn der Romanhandlung einschlägig charakterisiert wird: „Sie fand es ganz natürlich, an keine Tatsachen zu glauben; *sie glaubte nur an Träume*"[232]. Die verdeckten Gemeinsamkeiten der beiden Kunsttheorien lassen sich damit wohl als Wurzeln der divergierenden Lesarten des Romans ausmachen. So werden *Die Göttinnen* von der einen Seite interpretiert als „*the non plus ultra* of decadence" und Violante von Assy zu einer tragischen Parodie auf Nietzsches „Übermenschen"[233], während die andere Seite in der Protagonistin einen nietzscheanischen Idealtypus erkennen will, welcher „das \`Kunstwerk´ [seines] Ich durch die Erfahrung von Kunst bis zu solcher Höhe steiger[e], daß hinter dem \`Schein´ der \`Zauber des Dionysischen´ aufbr[eche]", womit Violante von Assy „nach dem Willen des Autors jene metaphysische Dimension [erreiche], in der bei Nietzsche der Begriff des \`Lebens´ erschein[e]"[234].

Tatsächlich finden sich im Roman Anleihen aus beiden Theorierichtungen, was sich nicht widerspricht, da, wie weiter oben festgestellt, beide auf einen identischen Ausgangspunkt zurückzuführen sind. In diesem Zusammenhang erwähnt Emrich den zentralen Diskussionspunkt um die Charakterisierung der Protagonistin: „Die

229 So heißt es etwa bei Bahr: „In einem Turm aus Elfenbein vor den Menschen versperrt, schläft er [der Décadent] den Tag und wacht er die Nacht". Ders, Décadence. In: Wunberg, Moderne, S. 228.

230 Bahr in Wunberg, S. 234 und 237.

231 Nietzsche, Tragödie, S. 26/27.

232 Gö I, S. 22. Herv. d. Verf.

233 Emrich, Macht und Geist, S. 69. Herv. Emrich.

234 Werner, Cultur, S. 101.

Frage, ob Violante von Assy [...] `eindeutig als Lebensschwache´ erscheint oder ob sie die `Aufhebung der ... eigenen Lebensschwäche´ leistet"[235]. Diese Frage ist verbunden mit der Entscheidung, ob *Die Göttinnen* als Kritik oder Verherrlichung des Ästhetizismus und Nietzsche gelesen werden können, was die vorliegende Arbeit als einen zentralen Themenkomplex untersucht. Den Gang der Arbeit einleitend, ist sich an diesem Punkt der Deutung Emrichs anzuschließen, die im Tod der Herzogin von Assy die Illusion als Maxime eines Lebens in und für die Schönheit als solche enttarnt sowie ihre Substanzlosigkeit und Brüchigkeit offenlegt:

> „[Violantes] Tod vollendet nicht eine dialektische Bewegung, sondern in ihm scheint das Nietzschesche Bild von der Wiederkunft des immer Gleichen auf [...] verbunden mit dem Verfalls- und Endzeitbewusstsein der Dekadence [sic!] [...]. Die `ewige Wiederkunft´ mündet keineswegs in eine Heraufkunft eines `Übermenschen´, sondern sie findet ihren Abschluß durch den Tod einer kinderlos gebliebenen Frau"[236].

Die vorliegende Arbeit wird im Folgenden ebenfalls aufzeigen, dass sich bereits zur Zeit der Entstehung der *Göttinnen* ein Anschauungswandel Heinrich Manns vollzieht, der eine Abwendung von Nietzsche sowie der Ästhetizsmustheorie zur Folge hat, woraufhin gegenteilige Auffassungen widerlegt werden sollen[237]. Dies soll im Umkehrschluss nicht bedeuten, dass im Text die Lebensphilosophie der *Décadence* positiviert und zum Ideal erhoben wird, sie dient vielmehr als Mittel, einen fundamentalen Denkfehler des Ästhetizismus zu entlarven. Dieser besteht in der Tatsache, dass eine „radikale epische Konkretion" der Kunst- und Lebensphilosophie Nietzsches in die Aporie, genauer zum Ende der Kunst, führt[238].

Violante von Assy versucht zwar, ihr Leben nach ästhetizistischen Vorgaben zu gestalten, doch auf dem Höhepunkt ihrer kunstlieben-

---

235 Emrich, Macht und Geist, S. 73.

236 Ebd. S. 75.

237 Schröter etwa erkennt die Abwendung Manns von Nietzsche erst ab 1905. Schröter, H. Mann, S. 85. Schwede behauptet „Manns ästhetizistische Grundstimmung am Fin de Siècle" wäre bestimmt durch die Auffassung, „der Schein des schönen Lebens [würde] wichtiger als das Leben selbst". Schwede, Neuromantik, S. 65. Siehe auch Werner, Cultur, S. 101.

238 Vgl. Emrich, S. 82.

den Phase wendet sie sich davon ab und erkennt: „Schlamm! [...] So ist es immer, wenn wir der Schönheit auf den Grund gehen"[239]. Diese Aussage ist ein zentraler Beleg für die Tatsache, dass eine konsequent zu Ende gedachte Ästhetizismustheorie zurück zum Ursprung führt, den sie mit dem Theorem der *Décadence* gemeinsam hat, nämlich das Erkennen der Hässlichkeit der Welt und eine irrationale Flucht als Reaktion auf diese Erfahrung. Wuthenow entwikkelt aus jener Tatsache die ambivalente Grundstimmung des modernen Künstlers: „Die Flucht aus dem Leben als Herrschaft über das Leben"[240]. Alle drei Metamorphosen der Herzogin vereinen sich zu einem Gesamtbild, dessen Eigenschaften, laut Nietzsche, das Paradigma der *Décadence* verkörpern: Als *Diana* ist Violante die personifizierte *Unschuld*, als *Minerva* gibt sie sich dem *Künstlichen* hin und durch ihre Rolle der *Venus* symbolisiert sie *Brutalität*[241]. Selbst in der *Minerva*-Phase, die gemeinhin als Verwirklichung des ästhetizistischen Schönheitsideals, des „>Renaissancismus<, Übermenschenkult[es], Cesare-Borgia-Ästhetizismus [und der] Blut- und Schönheitsgroßmäuligkeit"[242] anerkannt wird und durchaus auf diese Weise gedeutet werden kann, finden sich Anklänge jener Morbidität, welche so bezeichnend war für die Grundstimmung des *Fin de Siècle* und die in den Anhängern der *Décadence* ihre glühendsten Verfechter fand. Hier sei verwiesen auf die Wahl der Herzogin, ihre Schirmherrschaft über die Kunst in der symbolträchtigen Stadt Venedig anzutreten, der Wuthenow bescheinigt: „Venedig als die vom Untergang bedrohte, in bewegten Wassern sich spiegelnde und ihrer einstigen Macht beraubte Serenissina wird zur Stadt par excellence, in der Verfeinerung, Müdigkeit, Schönheit und Verfall eine einmalige faszinierende Verbindung eingegangen sind"[243].

An dieser Stelle lässt sich festhalten, dass Heinrich Mann die zeitgenössischen Theoriemodelle der Schulen Nietzsches, des Ästhetizismus und der *Décadence* in all ihren Widersprüchen und Gemeinsamkeiten in dem Roman *Die Göttinnen* zu einem facettenreichen Zeitgemälde verarbeitet hat. Die aus diesem Teil der vorliegenden Arbeit gewonnenen Erkenntnisse werden während der nun folgen-

239 Gö II, S. 264.

240 Wuthenow, Muse, S. 128.

241 Vgl. Wuthenow, Muse, S. 49.

242 Thomas Mann: *Vom Beruf des deutschen Schriftstellers in unserer Zeit. Rede an den Bruder*. Auszug in: Gö, Materialien, S. 353.

243 Wuthenow, Ästhetizismus, S. 115.

den eingehenden Textanalyse kontinuierlich herangezogen, um bestehende Argumentationen zu untermauern und gegenteilige zu widerlegen sowie schließlich eigene Thesen zu bilden. Im Sinne der Mannschen Protagonistin Violante von Assy, die im Geiste Flauberts erzogen wurde[244], können folgende Zeilen desselben als Einleitung des argumentativen Teils gelten: „Nous sommes faits pour le dire et non pour l´avoir“[245].

244 Vgl. Gö I, S. 20 f.

245 Flaubert in Wuthenow, Muse, S. 11.

2 Erster Teil: *femme fragile* und „Jungfrau in Waffen"

2.1 Violante von Assy: *femme fragile* und „Jungfrau in Waffen"

Heinrich Mann führt in seine *Göttinnen*-Trilogie ein, indem er den Abenteuern der ersten Göttin, *Diana*, folgendes Zitat von Ada Negri voranstellt: „Die gemacht sind aus Schlünden jedes Abgrunds, aus den Sternen jedes Himmels! ..."[246]. Damit macht er bewusst aufmerksam auf die scheinbare Gegensätzlichkeit der gedanklichen Entitäten „Abgrund" und „Himmel", welche die Assoziationsketten „Teufel" gegenüber „Engel", „Verderben" gegenüber „Seligkeit" sowie „Liebe" gegenüber „Tod" nach sich ziehen. Folglich kommt das konstitutive Moment des Romans im Nachvollzug jener Ambivalenz zum Vorschein, die auch das Zeitalter seiner Entstehung entscheidend prägte[247]. Die Protagonistin Violante von Assy spielt in ihren drei Verwandlungen in die Göttinnen *Diana, Minerva* und *Venus* mit den zeitgenössischen Begrifflichkeiten, die allesamt die tiefe Zerrissenheit des *Fin de Siècle* aufgreifen, dessen Vertreter im Taumel zwischen Lebens- bzw. Liebes- und Todespathos die ausgleichende Mittelstellung verloren hatten. Diese Mittelstellung zeugte einst von der intakten Einheit von Gott, Mensch und Welt, die in der Folge des „subjektiv gewordenen Zweifel[s] am kollektiven Heilsversprechen" zerbrach[248]. Das fortan auf sich allein gestellte Individuum war gezwungen, sich neue Götter zu schaffen, um den Verlust des Seelenfriedens zu kompensieren, was jedoch aufgrund der zahlreichen, divergierenden Lösungsansätze zu noch größerer Verwirrung führte. Literatur und Bildende Kunst der Jahrhundertwende fanden ein, wenn auch nicht neues, dafür aber ergie-

---

246 Vgl. Gö I, S. 9. Die Bände *Minerva* und *Venus* erweitern jeweils auf spezifische Weise dieses Zitat, was in den nachfolgenden Kapiteln dieser Arbeit besprochen wird.

247 Vgl. zu dieser Thematik Kapitel 1.1 dieser Arbeit.

248 Hinterhäuser, Hans: *Präraffaelitische Frauengestalten. Gestalten und Mythen.* München: Wilhelm Fink Verlag, 1977. S. 144. Im Folgenden: Hinterhäuser, Frauengestalten.

biges Medium der Synthese von Eros und Thanatos: Die zur Göttin stilisierte Frauenfigur.

Es wird an dieser Stelle bewusst von der Figürlichkeit der Frau gesprochen, da, wie Claudia Balk konstatiert, „gerade Ende des 19. Jahrhunderts die Imaginationen von Weiblichkeit bildnerischen Ausdruck fanden. In ständiger Wechselwirtschaft tauschten Bildende Kunst und Literatur ihre bildhaft typisierten, ästhetisierten Vorstellungen von der Frau aus“[249]. In der Darstellung von Weiblichkeit, die aus dem Leben entrückt scheint und zugleich den Wunsch danach projiziert, werden den literarischen und künstlerischen Frauenbildern der Jahrhundertwende Rollenbilder zugewiesen, die zwar schon existierten, durch den herrschenden Zeitgeist jedoch auf unnachahmliche Weise modifiziert werden und so einen umfassenden Einblick in das geistige Innenleben einer zutiefst widersprüchlichen Epoche gewähren.

Heinrich Mann bedient sich drei dieser Weiblichkeitsbilder in den *Göttinnen* und jede Rolle der Herzogin von Assy entwickelt die Lebensproblematik der künstlerischen Perspektive unter einem anderen Gesichtspunkt. Begonnen wird mit der allegorischen Verklärung der Protagonistin zu der antiken römischen Göttin *Diana*, einer keuschen Hüterin der Natur und der Jagd[250]. In ihrer mythologischen Maske sind entscheidende Attribute vorgegeben, mit denen die Persönlichkeit Violantes in der ersten Lebensphase in Verbindung gebracht wird und die auf den weiteren Handlungsverlauf verweisen. Auffallend ist, dass diese Eigenschaften, die die griechische und römische Mythologie der Göttin gleichermaßen zuschreiben[251], ebenfalls nicht frei sind von Ambivalenzen. Zu Tage treten sie insbesondere in den gegenläufigen Polen „Leben“ und „Tod“, die am Beispiel der Göttin verkörpert werden. Als Wächterin über die Entwicklung des Naturlebens ist sie segen- und lebensspendend, doch *Diana* trägt auch Pfeil und Bogen, in ihrer Rolle als Jagdgöttin

249 Balk, Theatergöttinnen, S.10. Vgl. auch Thomalla, die Auswirkungen dieser Weiblichkeitsvorstellung bis in die Literatur des Naturalismus, insbesondere bei Gerhard Hauptmann, beobachtet. Vgl. dies., femme fragile, S. 72 ff.

250 *Diana, Artemis*. Artikel in: Wörterbuch der Mythologie. Hg. v. W. Binder. 11. Reprintaufl. Holzminden: Reprint-Verlag-Leipzig, 2002. Im Folgenden: Wörterbuch der Mythologie.

251 In der griechischen Mythologie findet *Diana* ihre Entsprechung in der Göttin *Artemis*. Vgl. ebd.

nimmt sie im Zuge dessen ebenfalls Leben[252]. In der „mythischen Schicht"[253] des Romans findet sich somit bereits zu Handlungsbeginn eine offenkundige Anspielung auf zentrale Aspekte der *Fin-de-Siècle*-Problematik: Die Auseinandersetzung zwischen Liebe, Leben und Tod. Gleichzeitig verweisen die Attribute der Stärke und Kampfeslust schon auf die nachfolgende Verwandlung der Herzogin in die Kunstgöttin *Minerva,* mit der die Metamorphose in die literarische Figur der „Renaissancefrau" einhergeht. Darüberhinaus wird *Diana* in der römischen Mythologie als „Mondgöttin" verehrt[254], dieses Bild nimmt der Text explizit auf und charakterisiert Violante von Assy nach dem antiken Muster: „Man sieht sie im Traum, eine ferne Jägerin Diana, frei, *keusch* und *grausam,* das Dunkel mythischer Wälder durcheilen. Ein weißer Mondstrahl folgt überallhin ihren Schultern"[255]. In Verbindung mit dem Keuschheitsmotiv ergeben sich Referenzen auf den literarischen Typus der *femme fragile*[256], der in diesem Kapitel der vorliegenden Arbeit zentraler Gegenstand der Untersuchung sein wird. Violante von Assy begegnet dem Leser während ihrer Jugendphase in Dalmatien sowie auf der Flucht nach Rom ausgestattet mit den typischen Merkmalen einer *femme fragile,* die Ariane Thomalla als Gegenpart zur *femme fatale* in die literarische Diskussion eingeführt hat. Sie setzt die „Blütezeit" der Verarbeitung dieses Rollenbildes in Literatur und Kunst auf den Zeitraum zwischen 1890 und 1906 fest[257], jene Zeit, in der auch *Die Göttinnen* entstanden sind.

---

252 Vgl. ebd.

253 Vgl. hierzu Werner, die den Roman in „Realschichthandlung" und „mythische Schicht" unterteilt. Werner, Cultur, S. 97 f.

254 Vgl. *Diana, Artemis.* Artikel in: Wörterbuch der Mythologie.

255 Gö I, S. 211. Herv. d. Verf.

256 Thomalla erkennt den Mond bzw. den Aufenthalt im Mondschein als signifikante Begleiterscheinung der *femme fragile.* Vgl. Thomalla, femme fragile, S. 55.

257 Vgl. ebd. S. 14. Eine abweichende These liefert Silvio Moraldo, der das Motiv der *femme fragile* in der Hochliteratur auch *nach* diesem Jahr nachweist, u. a. bei Tennessee Williams. Damit widerlegt er Thomallas These vom „Abrutschen" des *femme-fragile*-Motivs in die Trivialliteratur. Darüberhinaus beschreibt Moraldo aufschlussreich die kritische Auseinandersetzung der Literaten mit dieser Frauenfigur. Moraldo, Sandro M.: „Zur Semantik der femme fragile". In: Ders. (Hrsg.): „Das Land der Sehnsucht: E. T. A. Hoffmann und Italien". Heidelberg: UV C. Winter, 2002. S. 69-89, v. a. S. 86-89. Im Folgenden: Moraldo, femme fragile.

Die *femme fragile* findet ihren Ursprung in der Vorstellungswelt der englischen Präraffaeliten, deren Kunst im Europa der Jahrhundertwende eine „modische Nachblüte“[258] erlebte. Der Kult um die keusche, heilige und ideale Geliebte wurde jedoch den künstlerischen Ansprüchen des *Fin de Siècle* entsprechend modifiziert. Thomalla sieht die entscheidenden Veränderungen in der betonten Diesseitigkeit der Figur sowie in dem von Krankheit und Tod gezeichneten Dasein, das auf äußerste Zerbrechlichkeit hinweist, was dem literarischen Typus zu seinem Namen verhalf[259]. Die *femme fragile* verweist auf Herkunft von- und Verwandtschaft mit der Malerei, somit ist ihre Funktion in der Literatur vor allem eine beschreibende, äußeres Erscheinungsbild und Passivität sind von größter Bedeutung[260]. Infolgedessen bleibt jedoch ein tieferer Einblick in das Innere der zerbrechlichen Frau verwehrt, Thomalla verweist diesbezüglich auf die widersprüchliche Darstellung der „Seelenlandschaft“ der *femme fragile*, die während der Jahrhundertwende als Inbild der Seele galt, jedoch selbst keine besaß[261]. Violante von Assy verkörpert nun zunächst in ihrer Rolle der *Diana* ebenfalls eine *femme fragile* nach dem von Thomalla festgelegten Beschreibungsmodus. Die Herzogin ist „die letzte, zerbrechliche Tochter sagenhafter Riesenkönige“[262] und besitzt somit das wesentliche Attribut der Figur: Sie ist „Vertreterin der erschöpften Aristokratie“, „eleganter Schlussakkord“ einer langen, adligen Ahnenkette, deren degenerativer „Auslese- und Verfeinerungsprozess“ im *Fin de Siècle* „Höhe- und allerdings auch Endpunkt“ erreichen soll, um damit der Untergangs- und Verfallsstimmung zu genügen[263]. In der Betonung der Zerbrechlichkeit Violantes findet sich eine direkte Anspielung auf das beschriebene Rollenbild. Bezeichnend sind ebenfalls die wenigen Impressionen der Kindheit der Protagonistin, die der Leser erhält. Sie erscheint als „schwebendes, weißes“ Kind auf den Felsen des Schlosses derer von Assy, eine sagenumwobene Märchengestalt, die die vorbeifahrenden Schiffer ängstigt und Legenden von der teufli-

---

258 Vgl. Thomalla, femme fragile, S. 20. Eine ausführliche Beschreibung des präraffaelitischen Frauenbildes liefern dies. sowie Hinterhäuser, Frauengestalten, S. 107 ff.

259 Thomalla, femme fragile, S. 24 ff.

260 Vgl. ebd.

261 Vgl. ebd. S. 56 f.

262 Gö I, S. 23.

263 Vgl. Thomalla, femme fragile, S. 33.

schen „Hexe Morra" aufkommen lässt[264]. Bereits diese ersten, wenig umfangreichen Zeilen über die Hauptfigur des Romans enthalten zahllose Hinweise auf Assoziationsketten, die die Rahmenhandlung des Romans entfaltet und verweisen allegorisch auf das Schicksal der Heldin und derer, die ihren Weg kreuzen. Die Positionierung Violantes in einem Schloss hoch oben, „weitab vom Leben und den Menschen"[265]ist signifikant, sie wird zur „gespenstischen Vision"[266] mit „kaum noch sichtbaren Konturen"[267], die in einem weißen Kleid nicht den Boden berührt, sondern „schwebt", was auf ihre Leichtigkeit hinweist. All diese Eigenschaftzuweisungen konstituieren sich zum Bild einer *femme fragile* par excellence. Gleichzeitig wird mit der Erwähnung der „Hexe Morra" allegorisch auf die Zukunft verwiesen, in der sich das keusche Kind[268] verwandelt in das Gegenteil dessen, was es als *femme fragile* verkörpert: „Der Teufel flog, anzusehen wie ein Schmetterling, aus ihr [der „Hexe Morra"] heraus und fraß Herzen aus Brüsten"[269]. Die dämonische und todbringende Gestalt des Teufels, verborgen in einer schillernden, lieblichen Hülle - hier symbolisiert durch den Schmetterling - spielt an auf Violantes spätere Metamorphose in die *femme fatale*, auf die desweiteren der „Mann im Turban"[270] und das in dem Motiv der weiblichen Figur auf dem Felsen wachgerufene Bildnis der lockenden Loreley Bezug nehmen. Es wird somit auch ersichtlich, dass Violante von Assy zwar vordergründig beschrieben wird wie eine *femme fragile*, diesen Weg aber nicht in letzter Konsequenz zu Ende gehen wird, was einen frühen Tod in sehr jungen Jahren implizieren würde[271]. Zu-

---

264 Vgl. Gö I, S. 13.

265 Thomalla, femme fragile, S. 24. Lea Ritter-Santini erkennt in der Beschreibung des Schlosses von Assy eine „sprachliche Fassung" von Böcklings Gemälde „Toteninsel", womit sie diese Szene als weiteres „optisches Zitat" im Roman wertet. Ritter-Santini, Optisches Zitat, S. 262 f.

266 Thomalla, femme fragile, S. 25.

267 Ebd. S. 22.

268 Vgl. hier auch das Motiv der *femme enfant* als Unterart der *femme fragile* in dies., S. 71 ff.

269 Gö I, S. 13.

270 Dieses Motiv wird hier, nach Mario Praz, als indirekte Anspielung auf die dämonische Frau gewertet, in der sich neben dem erotischen auch das *exotische* Ideal des Ästhetischen vereinigt. Praz, Schwarze Romantik, S. 174 ff.

271 Thomalla, femme fragile, S. 44.

nächst wird Violante jedoch von den Eigenschaften der erhabenen Frauengestalt geprägt, die einen „Lebensstil freier Funktionslosigkeit“[272] pflegt und im Zustand „absoluter Passivität“ und „Ruhe“[273] ihre „verständige Resignation“[274] kultiviert. Violante wird konfrontiert mit dem „Gespenst“ des „Ennui“[275], was zwar kein unbedingtes Merkmal einer *femme fragile* darstellt, jedoch ein Schlagwort der *Décadence* thematisiert, nach deren Vorstellungen von idealer Weiblichkeit die „ätherische Frau“ gestaltet wurde[276]. Hier findet sich also ein erster Hinweis auf die Konstruktion rollenhafter Weiblichkeit als Ausdruck einer spezifischen Kunstauffassung: „Der Verfallsrausch des *Fin de Siècle* ist als kompensierendes Geschichts- und Kulturprogramm der *Décadents* zu verstehen. Das Verhalten der *femme fragile* ist ganz nach diesem Geschichtsbild ausgerichtet. Sie verachtet und verneint [...] die prosaische Gegenwart, die dem kommerziellen Materialismus allein gehorcht“[277]. Nach dieser Vorstellung konstituiert sich auch die Todesverfallenheit und Sterilität dieses Frauenbildes, dem die *Décadents* huldigen und das sich ebenfalls in den *Göttinnen* herauskristallisiert. Die Müdigkeit und der Gleichmut, welche Violante als Fragile auszeichnen, gründen nach Thomalla in dem Gefühl, das Leben der Väter schon mit gelebt zu haben[278], dazu heißt es im Text:

> „Aus dem tiefsten Dunkel der Zeiten schien geisterweiß bis in die Träumerei der kleinen Violante hinein eine Halbgottmaske: das steinerne Antlitz ihres ersten Ahnen, jenes Björn Jernside, der von Norden kam [...]. So [...] waren alle Assy über die Erde geschritten [...]. Dem Heere von Männern und Frauen, die in tausend Jahren den Namen Assy getragen hatten, folgten nur noch drei Nachzügler, der Herzog und

---

272 Ebd. S. 38.

273 Ebd.

274 Gö I, S. 20.

275 Dieses theoretische Konzept wurde von Baudelaire in die geistesgeschichtliche Diskussion eingeführt. Vgl. ebd. S. 28. Zur Genese des Begriffs siehe Kupfer, Künstliche Paradiese, S. 50 ff.

276 Vgl. Thomalla, S. 22 und 38.

277 Ebd. S. 36.

278 Ebd. S. 37. Vgl. hier auch das von der *Décadence* aufgegriffene Schlagwort der „Spätgeborenen“, das hier synonym verwendet werden kann und Kapitel 1.3 dieser Arbeit.

> sein jüngerer Bruder der Graf, mit einem Töchterchen, Violante"[279].

Thomalla resümiert folgerichtig, die Morbidität sei die prominenteste Eigenschaft der *femme fragile*, entstanden aus solch einer „Versenkung in die Welt der Verstobenen", in der „die „Toten […] gleichsam am Leben der Lebenden [zehren]"[280]. Zudem entsteht in dem Bewusstsein der exzeptionellen Herkunft, das auch Violante innehat[281], der Topos des „Anders-Seins", auf den Thomalla hinweist und der sich in der „scheue[n], aber stolze[n] Zurückgezogenheit" der *femme fragile* äußert und als Absage an die „platte, normale, bürgerliche Alltäglichkeit" gelten kann[282]. Exemplarisch erwähnt sei an dieser Stelle eine Szene in den *Göttinnen*, in deren Folge der mythologisch aufgeladene Ort von Violantes Kindheit, ein See, der „an einem Sommertage ihres fünfzehnten Jahres" durch ein „riesiges Weibsbild", der aktuellen Gespielin des Vaters, „entweiht" wird[283]. In drastischen Worten schildert Mann die Gegensätze zwischen der banalen Wirklichkeit unwissender, „wilder" Menschen und der erlesenen, weihevollen Überhöhung des verfeinerten, wissenden Künstlertypus. Die auf Gesundheit gegründete, dumme Wirklichkeit, verkörpert in der „unschönen Masse dieses Weibskörpers"[284], dringt in den „armen See" ein und „beschmutzt ihn". Wendungen wie „scheußliches Kreischen", „ungeheure Fettberge", „peitschender Schaum" und „wuchtige Arme" zeugen von bewusst gemachter Körperlichkeit, die, in Anspielung auf Violantes Vater, hier zudem noch sexuell konnotiert ist und die empfindlichen „Mädchennerven" Violantes in Schrecken versetzen, sodass sie sich zu einem Stolz empören, „den zu bezwingen ein ganzes Leben sich

---

279 Gö I, S. 17 f.

280 Vgl. Thomalla, femme fragile, S. 36 f.

281 Vgl. Gö I, S. 20.

282 Vgl. Thomalla, S. 36 und 45.

283 Vgl. Gö I, S. 24 f. Die Mythologie verweist auf Quellen und Wälder, die den Aufenthaltsort der Göttin *Diana* repräsentieren. *Diana, Artemis* in: Wörterbuch der Mythologie. Außerdem ist der „verwunschene See" ein typisches Jugendstil-Motiv, das auf eine weitere Weiblichkeitsvorstellung der Jahrhundertwende hinweist: Die Stilisierung der Frau zum Inbild der ursprünglich-reinen Natur. Vgl. Hermand, Jost: „Undinen-Zauber. Zum Frauenbild des Jugendstils". In: Ders.: *Jugendstil*. Darmstadt: Wissenschaftliche Buchgesellschaft, 1971. S. 469- 494, S. 477. Im Folgenden: Hermand, Undinen-Zauber.

284 Gö I, S. 25.

verschwören mochte"[285]. Der Hinweis auf die „Nerven" ist ebenfalls ein symbolträchtiges Bild in Bezug auf die *Décadence* und die *femme fragile,* die auf „Überzüchtung"[286] beruhende Kränklichkeit ist im *Fin de Siècle* identisch mit geistiger Verfeinerung: „Man verachtete die `banale et triviale santé´ und feierte den Zustand der Krankheit als eine höhere und elegantere Form des Lebens"[287]. Violante wird im weiteren Verlauf von Krankheit gezeichnet sterben, wie es einer *femme fragile* bestimmt ist. Dieses Sterben vollzieht sich jedoch nicht in Schönheit und Jugend[288] und wird deswegen an anderer Stelle thematisiert. Die Szene am See versinnbildlicht insgesamt aber pars pro toto die Unvereinbarkeit zwischen Künstlichkeit und Lebendigkeit sowie das Entweihen der Kunst durch die breite Masse. Die Geliebte des Vaters hinterlässt den See als „Kriegsschauplatz", aus dem alles Leben entwichen ist: „Geknicktes Schilf", „zertrümmerte Paläste" der Fische, „entflohene Libellen" und eine „getrübte Tiefe"[289]. Die fragile „Märchenprinzessin"[290] Violante begibt sich kurz darauf auf Reisen zu neuen Abenteuern und Palästen[291] und wird zur Kosmopolitin, ein weiteres Attribut der *femme fragile*[292]. Als junge Frau verdeutlichen sich deren äußerliche Merkmale in der Herzogin, mit 21 Jahren erscheint sie als vollkommene *femme fragile*:

> „Von der Wölbung des schwarzen Haares, das in *schwerer Welle* zurückgeschlagen war, fiel auf ihre Stirn ein *bläulicher Schatten*. Im Nacken bogen sich die *vollen Flechten*. Die Brauen zogen *schwache Linien*, der *Mund* lag *unbestimmt* da, mit leise aufeinandergeschmiegten, *blaß gefärbten Lippen*. Aber das Kinn und die Biegung der *feinen, großen Nase* sagten entschiedene Dinge. Der Kopf war *farbarm*, doch reich vom *Silberglanz* des Lichts. Sie hob die *breiten Lider*: ein *fester, stahlblauer Glanz* fand den Weg fernher, von großen Meeren"[293].

Große Augen, blasser Teint und auffallende „Haarfülle", gepaart mit einer Farbmetaphorik, deren Palette nur in den Nuancierungen

285 Ebd.

286 Thomalla, femme fragile, S. 35.

287 Ebd. S. 29.

288 Vgl. ebd. S. 35.

289 Gö I, S. 24.

290 Thomalla, femme fragile, S. 45.

291 Vgl. Gö I, S. 28.

292 Vgl. Thomalla, femme fragile, S. 32.

293 Gö I, S. 91. Herv. d. Verf.

der Farbe Weiß variiert, all diese physischen Attribute subsumieren sich zum Bildnis Violantes als *femme fragile*[294]. Die Verwendung der blauen und silbernen Schattierungen unterstreichen zudem einerseits die Kränklichkeit und andererseits die sterile Künstlichkeit[295]. Die angesprochene Haarmetaphorik erweist sich ebenfalls als sinntragend, auf die bildnerische Kunst des *Jugendstil* verweisend[296], unterstreicht sie die Heiligkeit und Unberührtheit der *femme fragile*: „Wie eine Gloriole umrahmt sie das feine Gesicht"[297], postuliert Thomalla und entdeckt in der literarischen Verarbeitung dieses Motivs eine Häufung von Szenen, in denen es eigens zu einer demonstrativen und dekorativen Entfaltung der Haare kommt[298]. Eine solche Szene findet sich auch in den *Göttinnen*, als Violante nach der gescheiterten Revolution im Exil zwei Anhängern während eines geheimen Treffens „ihre schwarzen Flechten" zuwirft[299]. Gleichzeitig wird ein weiteres Mal die Märchenmetaphorik verwendet, das Bild von Violante als Prinzessin Rapunzel, die herabsieht auf ihr Volk „aus der starren Höhe des Turmes, von dem nach dem Glauben dieser Geschöpfe ihr Haar herunterhing"[300]. Auf diese Weise ist die erste Phase der Violante von Assy begleitet und durchwoben von mythologischen, biblischen und künstlerischen Verweisen auf ihre Masken der *Diana* bzw. *femme fragile*, was erneut die Rollenhaftigkeit und bewusst gemachte Künstlichkeit der Romankonzeption unterstreicht. Die den Textverlauf prominent beeinflussenden Motive werden im Folgenden zusammengestellt.

Die mythologische Allegorie von „Daphnis und Chloe"[301], die im Roman immer wieder aufgegriffen wird, nimmt ein beliebtes Motiv der Jugendstil-Kunst auf, die das Weibliche zum Naturhaft-

294 Thomalla, femme fragile, S. 27 und 46 ff. Vgl. hierzu auch die tabellarische Zusammenstellung der äußeren Attribute fragiler Frauen im Werk Heinrich Manns in Martin, Politik, S. 30 f.

295 Vgl. Thomalla, femme fragile, S. 48 f.

296 Ebd. S. 27.

297 Ebd.

298 Dort heißt es: „Sie löste ihr Haar, mit zwei tapferen Griffen. Sie hielt es in den Händen, es entfloß ihr lang und schwer". Ebd. S. 28.

299 Vgl. Gö I, S. 177 f.

300 Ebd. Zur Märchenmetaphorik in Bezug auf die *femme fragile* vgl. Thomalla, femme fragile, S. 80.

301 Vgl. beispielhaft Gö I, S. 22 und 273.

Unschuldigen verklärt[302] und somit zurückverweist auf die „Traumverlorenheit" der *femme fragile*[303] sowie das Nymphenhafte der Göttin *Diana*[304]. Ein Bild der „schmalen Jungfrau Judith"[305] referiert die biblische Geschichte der gewappneten Jungfrau[306], was nicht nur querverweist auf die bewaffnete mythologische *Diana* und den „Amazonenmythos"[307], sondern auch auf die Sterilität und damit Widernatürlichkeit der *femme fragile*[308]. Als Trägerin „des reinen Geistes" und der Waffe ist sie ihrer „natürlichen Bestimmung" Ehefrau und Mutter zu sein enthoben und benötigt eine göttliche oder gleichartig überhöhte Instanz zur Legitimation ihres Status[309]. Dass ausgerechnet der Revolutionär Pavic dieses Bild aufgreift, ist ebenfalls von Bedeutung: Er, der die Herzogin gewaltsam ihrer sexuellen Unschuld beraubt[310], erweckt die in Verbindung mit dem Motiv der *femme fragile* gebrauchte Assoziation der „verfolgten Unschuld"[311], die in der dekadenten Vorstellungswelt eine Abweichung von der keuschen Norm der fragilen Frau zulässt. Thomalla charakterisiert die Funktion von sexueller Gewalt gegenüber der *femme fragile* als Darstellung des „bloßen Erleidens", um die Zerbrechlichkeit noch extremer zu stilisieren[312]. Tatsächlich wirkt Violante nach der Tat „erschreckend bleich", „ihr Haar war in Unordnung geraten; es hing in starren, dunklen Wellen [herab]"[313] und „Übelkeit" versagt ihr das „Lachen"[314]. Hinzuweisen ist aber darauf, dass die Herzogin in der Folge der Vergewaltigung *nicht* zum Opfer

302 Vgl. Hermand, Undinen-Zauber, S. 484 ff.

303 Thomalla, femme fragile, S. 36.

304 Vgl. *Diana, Artemis* in: Wörterbuch der Mythologie.

305 Gö I, S. 124.

306 Vgl. *Judith*: Artikel in: Reclams Lexikon der Heiligen und der biblischen Gestalten. 3. Aufl. Stuttgart: Reclam, 1975. Im Folgenden: Lexikon der Heiligen.

307 Vgl. Balk, Theatergöttinnen, S. 31.

308 Vgl. ebd.

309 Vgl. ebd. S. 31 ff.

310 Vgl. Gö I, S. 75.

311 Vgl. Thomalla, S. 87 ff.

312 Vgl. ebd.

313 Gö I, S. 75.

314 Vgl. Ebd. S. 76.

eines dekadenten „Seelentrinkers“[315] mutiert und zu Grunde geht, was sie zunächst weiterhin als innerlich unberührte *femme fragile* agieren lässt[316]. Vielmehr orientiert sich der Text an der biblischen Vorlage, in der der Mann, welcher nach der Unschuld der kriegerischen Jungfrau Judith trachtet, selbst zum Opfer werden soll[317]. Violante fordert nämlich im Zuge der Revolution von Pavic, sein Leben für die Freiheit zu opfern. Als dieser ihr das verwehrt, bestraft *sie* ihn und *er* geht in der Folge an ihrer Missachtung zugrunde[318].

Kunsthistorische Reminiszenzen auf die Darstellung der heiligen Frauenschönheit finden sich bezeichnenderweise an der wichtigen Stelle des Übertretens Violantes von der Rolle der *Diana* in die Gestalt der Kunstpatronin *Minerva*: Jakobus Halm erkennt in einer Pose Violantes das verlorengegangene Portrait der Pallas Athene von Boticelli, nach dessen Vorbild er die Herzogin fortan vergeblich zu malen versucht[319]. Diese Szene des Romans ist eine der deutlichsten Belege für die bewusst gemachte Artifizialität des Textes, der hier ausdrücklich die von Ritter-Santini herausgearbeitete Romantechnik des „optischen Zitats“ verwendet, welche „den aufgeklärten Leser das Entstehen einiger Elemente der Bildlichkeit verfolgen [lassen], nämlich den Übergang vom realen Bild zur Allegorie und zur Metapher, die Funktion der Vermittlung der Augen für die Sprache“[320]. Für einen Moment scheint die Zeit still zu stehen und dieser Moment wird, einem Lichtbild gleich, „eingefroren“. Violante ist physisch noch in der Vergangenheit verhaftet, darauf weist die Einbeziehung des Künstlers Boticelli hin, dessen Werke bei Heinrich Mann allegorisch „auf die spezifische Schönheit der femme fragile“ hindeuten, da der Renaissancemaler für die „Darstellung zarter, vergeistigter Schönheit“ bekannt war[321]. Die Herzogin wird demgemäß vom Text „gezeichnet“: „Er [Jakobus] betrachtete ihr *Profil.*

---

315 Thomalla, femme fragile, S. 88. Die Figur des Orfeo Piselli, der die Contessa Blà zugrunde richtet, entspricht diesem Konzept.

316 Vgl. hierzu Hilmes, die bemerkt: „Da Sexualität für sie [Violante] eine bloß äußerliche körperliche Erfahrung bleibt, ist sie psychisch gesehen stets virgo intacta“. Hilmes, femme fatale, S. 190.

317 Vgl. *Judith.* Artikel in: Lexikon der Heiligen sowie Gö I, S. 88.

318 Ebd. ff.

319 Gö I, S. 227 f.

320 Ritter-Santini, Optisches Zitat, S. 270.

321 Vgl. Martin, Politik, S. 113.

Es *verschwamm* weich auf dem wogenden Mittagsblau vor den großen roten, grünen, violetten Flaschen, die am Fenster leuchteten. Die *weiße, wenig gewellte Linie ihrer Gestalt* stand zärtlich dort und still. Sie bog sich in den Hüften ganz leicht nach vorn, unbewusst verehrend und innerlich sich neigend vor der Göttin"[322]. Das Bild, das die Herzogin hier darstellt, ist schemenhaft aber nicht mehr das vorangegangene. Die nahezu konturlose weiße Gestalt zeugt von der jugendlichen Fragilität, die Jakobus Halm im Anschluss noch einmal aufgreift, als er von der „mageren, geäderten, langsamen, kühlen Hand"[323] der dargestellten Frau spricht. In diesem Sinne erfüllt die *femme fragile* hier ihre Funktion als „Bilddetail". Es ist jedoch nicht Boticellis „Primavera"[324], der hier nachgestellt wird[325], sondern die griechische Göttin Pallas Athene, deren römische Entsprechung Minerva ist[326], die nächste Maske der Herzogin. Demgemäß sind der Hintergrund und die Umgebung des „Gemäldes" zukunftweisend gestaltet: Aus dem die *femme fragile* charakterisierenden „Mondschein" wird das „Mittagsblau", was zugleich auf den höchsten Sonnenstand und damit auf die Entwicklung der Herzogin in Richtung ihres künstlerischen Zenits verweist. Die Farbpalette, mit der die zerbrechliche Frau beschrieben wird, erweitert sich ebenfalls um die „leuchtenden" Farben „Rot", „Grün" und „Violett", womit Lebendigkeit symbolisiert wird, die in die traumverlorene Welt der Fragilität eindringt. Hingewiesen werden muss jedoch auf die künstliche Eigenschaft dieser Lebendigkeit, die erneut nur äußerlich „aufgetragen" wird, eben durch den Werkstoff des Künstlers, die Malfarbe. Infolgedessen wendet sich Violante von Assy innerlich zwar ihrem nächsten Lebensabschnitt zu, die äußeren Konturen ihres vorangegangenen Bildes bleiben jedoch unverändert fragil. Und auch die tiefe „Sehnsucht nach Schönheit"[327], die ihr Leben

322 Gö I, S. 227. Herv. d. Verf.

323 Ebd. Siehe auch Martin, die diese Beschreibung der Hände einer *femme fragile* zuordnet. Martin, Politik, S. 30 f.

324 Martin weist auf die Bedeutung dieses Gemäldes für die Entstehung der *Göttinnen* hin. Martin, Politik, S. 114. Vgl. auch Hilmes, femme fatale, S. 182 ff.

325 Das Frühlingsmotiv ist eine weitere Reminiszenz an die *femme fragile*. Vgl. Martin, Politik, S. 113.

326 *Minerva, Pallas Athene*. Artikel in: Wörterbuch der Mythologie.

327 Gö I, S. 228.

fortan bestimmen wird, ist eine gänzlich sterile, geprägt von sexueller Ungefährlichkeit[328] wie sie einer *femme fragile* würdig ist.

2.1.1 Gina Degrandis und Clelia Dogan: Fragile Variationen

Dahlem arbeitet in ihrer detaillierten Textanalyse der *Göttinen*-Trilogie aufschlussreich die Funktion scheinbar unbedeutender Rand- und Nebenfiguren des Romans heraus. Dabei beobachtet sie, dass die Figurenkonstellation auf Basis der „Rekurrenz" angelegt wurde, d. h. mit Hilfe von Techniken des „Doppelgänger- und Wiederholungsmotivs" verweisen einzelne Charaktere auf spezifische „historische Kataloge" und thematisieren stetig die bewusst gemachte Künstlichkeit des Werkes[329]: „Figuren in *Die Göttinnen* [werden] zu Meta-Figuren gemacht [...], indem sie entweder durch direkte Benennung oder aber über textgestalterische Verfahren in die Isotopie-Ebene der Künstlichkeit einbezogen werden"[330]. So lassen sich im Text auch immer wieder Frauenfiguren finden, die indirekt oder offensichtlich die jeweilige physische und psychische Konstitution der Hauptfigur Violante in ihren drei Rollen reflektieren. Diese Figuren bestimmen die einzelnen Masken genauer durch Merkmale, die bei der Herzogin weniger stark ausgeprägt erscheinen. Meist sind diese Attribute in Extreme übersteigert und führen der Herzogin vor Augen, was geschehen wird, wenn sie sich zu sehr in einer Rolle verliert. Die warnende Funktion wird oftmals begleitet von einer einführenden oder zurückverweisenden Eigenschaft der Nebenfiguren auf die mythologischen Charaktere.

So ist der Charakter der Gina Degrandis die ultimative Verkörperung einer *femme fragile*. Diese Frau, Mutter Ninos, des „Genius des Todes [der Herzogin]"[331], erscheint Violante bereits vor einem personalen Zusammentreffen in Form eines Bildes in einer Kirche in Ancona: „Von oben, aus einer Öffnung fielen zwei scharfe weiße Strahlen auf das Bild eines Knaben in goldenen Locken und langem, pfirsichroten Gewande. Er hielt die linke Hand hinter sich, zwei Frauen in Lichtgelb und Blaßgrün hin"[332]. Der Knabe, der als Vision Ninos gewertet kann, leuchtet den Frauen voran „durch den in Fin-

328 Vgl. Tomalla, femme fragile, S. 60 ff.

329 Dahlem, Auflösen und Herstellen, S. 166 ff.

330 Ebd. S. 176.

331 Vgl. Emrich, Macht und Geist, S. 102.

332 Gö I, S. 107.

sternis versteckten Garten"[333]. Violante erkennt sich selbst als eine der Frauen und realisiert nach dem Kennenlernen Ginas, das jene die andere sein muss[334]. Die in dieser Szene stilisierte Künstlichkeit wird um den sakralen Faktor erweitert und enthält ein weiteres Mal Verweischarakter auf die zukünftige Entwicklung der Herzogin. Gina Degrandis ist eine *femme fragile,* die nach dem Vorbild des Madonnenkultes des *Fin de Siècle* konzipiert wurde[335]. Hinterhäuser sieht den Ursprung dieser Entwicklung in dem auf Materialismus und Identitätsverlust basierenden Trauma vom „leeren Himmel"[336], das zur Mode des „Renouveau catolique" führte[337]. Die Variation der *femme fragile,* die daraus entstand, ist ein weiblicher Idealtypus, welcher aufgrund heiliger Unbeflecktheit um „Fürsprache beim Erlöser" bitten darf[338]. Auf diese Weise behält die religiöse Tabuisierung der Frau sowie ihre Überhöhung zum Reinheitsideal auch in der ansonsten säkularisierten Moderne zunächst starke Suggestivkraft[339]. In den *Göttinnen* wird diese Vorstellung durch Gina repräsentiert, die in vollkommener Vergeistigung dem Weltlichen entrückt scheint. Sie vereint alle für die *femme fragile* typischen Merkmale in sich. Violante begegnet ihr und Nino sinnträchtig vor einem weiteren Heiligenbild im Dogenpalast zu Venedig, der „Madonna der Frari"[340]. Gina erscheint „mager und von schlichter Eleganz"[341], hat einen „eingesunkenen Nasenrücken" und die „glühenden" Fieberflecken, die auf die Kränklichkeit der *femme fragile* hinweisen[342]. Ihre Hände werden beschrieben als „schmucklos, bleich und zu

---

333 Vgl. ebd.

334 Gö II, S. 151.

335 Vgl. Hinterhäuser, Präraffaelitische Frauengestalten, S. 142 f. Siehe auch Thomalla, femme fragile, S. 20. Sie erkennt das Vorbild dieser fragilen Variante im „Beatricekult", der durch Dante Gabriel Rossettis „Blessed Damozel" ausgelöst wurde und „priesterlich hohe, geistige" Frauengestalten verehrte.

336 Hinterhäuser, Präraffaelitische Frauengestalten, S. 118.

337 Vgl. Ebd. S. 143.

338 Vgl. Ebd. S. 142.

339 Vgl. ebd. S. 144.

340 Vgl. Gö II, S. 107.

341 Ebd. Diese Eleganz nennt Thomalla „dekadente Eleganz", die die *femme fragile* als Weitentwicklung der präraffaelitischen Frauengestalten kennzeichne. Vgl. Thomalla, femme fragile, S. 26.

342 Vgl. Gö II, S. 107. Siehe auch Thomalla, femme fragile, S. 26.

lang“, ihre Haare sind „glänzend schwarz“[343] um die Fragilität des Gesichtes zu unterstreichen[344]. Darüberhinaus zeichnet das typische „blaue Äderchen“ auf der Stirn ein „brennende[s] Mal des Todes“[345] auf ihr Gesicht. Gina hat den „weißen, schwachen Hals“, die „mageren, spitzen Finger“[346], die „schwache Stimme“[347] und die „Sehnsucht“[348], die Krankheit und Todesnähe durch den Ausdruck von Fragilität verklären[349]. Zudem wurde Gina das „Opfer dekadenter Grausamkeit“[350] in Form eines dem rohen Leben zugewandten, brutalen Ehemanns, der ihrer Geistigkeit nicht würdig erschien und sie bis zu seinem Tod quälte[351]. Gänzlich übersteigert sowie abgerundet wird Ginas Stilisierung durch die Anspielung auf eine göttliche - also unbefleckte - Empfängnis Ninos[352].

Ihr „Erscheinen“ im Leben Violantes sowie die Szene in der Kirche bei Ancona, die die Herzogin als „eine [ihrer] Schicksalsnächte“ deutet[353], fungieren diesbezüglich als Spiegel einer Facette der Protagonistin und besitzen darüberhinaus proleptische Funktion. Der Knabe Nino, der den Frauen den Weg leuchtet, ist, wie bereits erwähnt, Führer ins Jenseits, er erweckt mythologische Assoziationen mit Hermes. Gina, die Begleiterin Violantes, verweist aufgrund ihrer „heiligen Unschuld“ auf die Möglichkeit der Protagonistin, trotz ihrer *Venus*-Phase, im Zustand einer „zweiten Unschuld“ zu sterben[354]. Gemäß einer vollendeten *femme fragile* verlässt Gina Violante jedoch kurz vor der expliziten Thematisierung ihres physischen Sterbens, denn die Todesnähe der kränklichen Schönheit ist zwar wesentlicher Bestandteil ihrer Erscheinung, das eigentliche Scheiden aus dem Leben wird in der Figur der *femme fragile* jedoch nicht illu-

---

343 Ebd. Siehe auch Thomalla, femme fragile, S. 48.

344 Vgl. dies. S. 27.

345 Gö II, S. 109. Vgl. auch Thomalla, femme fragile, S. 26.

346 Gö II, S. 109.

347 Ebd. S. 147.

348 Ebd. S. 139 und 150. Siehe auch Thomalla, femme fragile, S. 68.

349 Vgl. dies. S. 29 ff.

350 Vgl. ebd. S. 85 ff.

351 Vgl. Gö II, S. 149.

352 Vgl. ebd. S. 150.

353 Ebd. S. 151.

354 Vgl. Gö III, S. 256. Diese Thematik wird an späterer Stelle zur Diskussion gestellt.

striert, um die Illusion des „schönen Sterbens" aufrecht zu erhalten[355]. Die der zerbrechlichen Frau nahestehenden Personen verlassen sie kurz vor dem Augenblick des Todes und so schließt sich auch Gina „auf ihrer Besitzung bei Ankona ein, damit der Sohn sie nicht sterben sähe"[356]. Gina Degrandis, eine spezifische Variante der *femme fragile* und Nino Degrandis, der Götterbote, können zusammengefasst als Todesboten gewertet werden, die sich unter dem Deckmantel der Künstlichkeit verbergen. Dies wird in besonderem Maße offensichtlich als Violante mutmaßt, was hinter der Finsternis liege, in die der Knabe Nino leuchte: „Die Kunst!, antwortete Gina; ihre Stimme war schwer von Inbrunst. [...] Die Herzogin lächelte, ihr Lächeln war so stolz, daß Gina nicht entdeckte, wie schmerzlich es war. Ich [Violante] hoffe es- von ganzer Seele"[357].

Eine weitere, an die *femme fragile* erinnernde Nebenfigur der *Göttinnen* zelebriert geradezu die bewusst gemachte Künstlichkeit und das Vorherrschen der Form vor dem Inhalt, was zu einer bewussten „Mortifikation des Lebendigen"[358] führt: Clelia Dogan, Tochter eines venezianischen Kunsthändlers, betreibt in exaltierter Weise die aus der Mode gekommene Kunstform der „Tableaux vivants", die zur Zeit der vorgelagerten Wende vom 18. zum 19. Jahrhundert in Gesellschaftskreisen beliebt war[359] und die in Manns Roman vorherrschenden Impressionen von Menschen als lebenden Bildern aufgreift. So heißt es in Bezug auf Clelia: „Betrachten sie doch die Contessina statt dieser rissigen Leinwand! Clelia sitzt an ihrem Tischchen aus Lapislazuli, und zwischen die etruskischen Vasen, die darin eingelegt sind, setzt sie ihren Arm wie eine alabasterne Statuette. Sie hat, ohne viel zu berechnen, ganz dieselbe Haltung eingenommen wie das wehmütige Fräulein hier im Bilde"[360]. Durch die Stilisierung der künstlerischen Pose entsteht der Eindruck, „dass

---

355 Vgl. Thomalla, femme fragile, S. 29 ff.

356 Gö III, S. 157.

357 Gö II, S. 151.

358 Vgl. Wuthenow, Muse, S. 213.

359 Zur ausführlichen Beschreibung dieser Kunstform siehe von Hoff, Dagmar; Meise, Helga: „Tableaux vivants. Die Kunst der Attitüden und lebenden Bilder". In: Berger, Renate; Stephan, Inge (Hrsg.): *Weiblichkeit und Tod in der Literatur*. Köln; Wien: Böhlau, 1987. S. 69-87, S. 69 ff. Im Folgenden: von Hoff/Meise, Tableaux vivants.

360 Gö II, S. 63.

das Dekor lebt und das Lebende Dekor ist"[361], kurz gefasst vollzieht sich, was Wuthenow als Schattenseite der ästhetizistischen Kunstinszenierung erkennt, die „Gewalt der ästhetizistischen Ungerührtheit": In einer vollkommen künstlichen Welt bestehen Menschen als „das letzte Lebendige", sie bilden jedoch selbst „künstliche Arrangements", um auf diese Weise das Leben aus ihren Körpern vertreiben zu können[362]. Diese Feststellung deckt sich mit der von Clelia praktizierten Kunst der „Tableaux vivants", bei der der mimetische Prozess umgekehrt verläuft:

> „Anstatt tote Materie zu verlebendigen, wird versucht, das \`Lebendige´ abzustreifen, indem die Darstellerinnen bei der Kunstausübung der Statue oder dem Bildnis ähnlich werden. Bewegung wird eingefroren und das Zufällige dem Ideal geopfert. Das Bestreben ist es, sich in die metaphorische Ersetzung zu begeben und mit dem \`Original´ eines Kunstgegenstandes verwechselt zu werden"[363].

Auf diese Weise vollzieht sich, ähnlich der Stilisierung der *femme fragile,* aufgrund permanenter Inszenierung eine ästhetische Überhöhung der Oberfläche des weiblichen Körpers[364] und damit seine künstlerische Verklärung. Clelia ist keine vollkommene *femme fragile,* ihr mangelt es als Mortœils Ehefrau und Jakobus Halms Geliebte am Keuschheitsmoment, doch verkörpert sie gewichtige Eigenschaften dieses Stereotyps. Clelia präsentiert sich ebenfalls als „schönes Bild", flächenhaft, ohne jede psychologische Tiefendimension"[365]. Darüberhinaus entspricht die Ausübung der „Tableaux vivants" dem „Seelenkult" des *Fin de Siècle,* dessen Leitbild die *femme fragile* darstellt[366], denn die Kunstform wird gebraucht, um „die Seele zu \`versichtbaren´"[367]. Und auch das Äußere der darstellenden Künstlerin Clelia ist nach dem Prototyp einer *femme fragile* gestaltet: „Blond und leicht, [...] mit wunderbaren Haarmassen im Nacken [...] - und zu zerbrechlich", um [sie] hassen zu dürfen", „ein junges Mädchen" mit einem „süßen Stimmchen"[368]. Bezeichnend ist

361 Dahlem, Auflösen und Herstellen, S. 177.

362 Vgl. Wuthenow, Muse, S. 202 f.

363 von Hoff/Meise, Tableaux vivants, S. 79.

364 Vgl. ebd. S. 71 und 78.

365 Vgl. Thomalla, femme fragile, S. 54.

366 Vgl. Thomalla, femme fragile, S. 57.

367 Vgl. von Hoff/Meise, Tableaux vivants, S. 76.

368 Gö II, S. 65.

aber, dass sie sich ihrer Bildhaftigkeit *bewusst* ist, die „eigene Lieblichkeit und Güte mehr als alle anderen [genießt]"[369], „nach Leben duftet"[370] und nicht nach moderndem Tod[371]. Diese interferierende Stellung Clelias hat demgemäß erneut Verweisfunktion auf die Entwicklung der Herzogin von Assy, die sich von der Kunst ab- und dem Leben zuwenden wird[372]. Die Contessina ist es dann auch, die Violantes weiteres Schicksal prophezeit[373]: „Sie wird hingehen, wo die Betäubung am sichersten ist, zu Komödianten, Zigeunern, volkstümlichen Stieren. Heute ist sie Königin der vergoldeten Bohème, die sein [Jakobus] Atelier sieht. Morgen wird sie es in der fadenscheinigen und überschäumenden sein"[374].

2.1.2 Die *Diana*-Phase: Wegweiser des *l´art pour l´art* - Prinzips

Die jungfräuliche Kriegerin *Diana* findet in der römischen und griechischen Mythologie ihre männliche Entsprechung in der staatenbildenden Gottheit *Apollo*, dessen Zwillingsschwester sie ist[375]. Violante von Assy ist von Heinrich Mann in der Jugendphase ihres Lebens nach jenem mythologischen Konzept gezeichnet, das desweiteren Nietzsche zu einer Grundlage seiner Künstlertheorie gemacht hat[376]. Dort ist der apollinische Künstler Ausdruck der Kunstwelt des Traumes[377] und des Prozesses der Selbstwerdung[378]. Der Lebensweg der Herzogin von Assy beginnt mit eben dieser Ausgestaltung des „staatenbildende[n] apollinische[n] Prinzip[s] der Form"[379], sie beschließt, „über Schönheit und Stärke ein Reich

369 Ebd.

370 Vgl. ebd. S. 64.

371 Vgl. Thomalla, femme fragile, S. 26.

372 Vgl. Gö II, S. 206 f.

373 Das „zweite Gesicht", die „mediale Begabung" ist, laut Thomalla, ein weiteres Attribut der *femme fragile*. Vgl. Thomalla, femme fragile, S. 36. Gleichzeitig spricht Hilmes diese Eigenschaft der *femme fatale* zu, was erneut auf die ambivalente Darstellung von Weiblichkeit während der Jahrhundertwende verweist. Vgl. Hilmes, femme fatale, S. 242.

374 Gö II, S. 257.

375 *Diana, Artemis*. Artikel in: Wörterbuch der Mythologie.

376 Vgl. Nietzsche, Tragödie, S. 21 ff.

377 Vgl. ebd. S. 22.

378 Vgl. ebd. S. 29.

379 Vgl. Emrich, Macht und Geist, S. 115.

der Freiheit aufzurichten" und stellt anerkennend fest: „Welch ein *Traum!*"[380]. Die Idee, die ihren Bestrebungen zugrunde liegt, bzw. die sie verkörpert, ist somit das Sichtbarwerden zweckfreier Künstlichkeit in der Körperlichkeit des auserwählten Menschen, ein gelebtes nietzscheanisch geprägtes *l´art pour l´art*. Heftrich erkennt in der *l´art pour l´art*-Formel einen grundlegenden Zufluchtspunkt der modernen Kunst, die dem bürgerlichen Utilitarismus zu entkommen versuchte[381], indem sie das „eigentliche Kunstgeheimnis des Meisters" wiederfinden wollte, das darin bestünde, „den Stoff durch die Form [zu] vertilge[n]"[382]. Dieser auf die Weimarer Klassik zurückgehende Gedanke impliziert die Annahme, „ein Kunstwerk sei der Kunst wegen da". Heftrich referiert diesbezüglich Schiller, indem er dessen Postulat zur Kunst aufgreift: „In einem wahrhaft schönen Kunstwerk [soll] der Inhalt nichts, die Form aber alles tun"[383].

Violante von Assys auf dem Schönheitsgedanken basierender Freiheitstraum orientiert sich an diesen Vorstellungswelten, die, frei nach Nietzsche, exklusiv den „seelisch-Vornehmen" und „Hochgearteten" vorbehalten sind[384], in deren Reihe das „aristokratische Rasseweib"[385] zu positionieren ist. In dem *l´art pour l´art*-Bekenntnis findet Heftrich darüberhinaus „eine der stolzesten Errungenschaften": „Der Künstler lädt [...] die ganze Verantwortung auf sich. Er fühlt sich keinem Menschen, keiner Staatsautorität, keinem sozialen Zwang mehr verantwortlich"[386]. Demgemäß handelt Violante, sie erwägt die Revolution im dalmatischen Reich nicht im Zuge politischer oder humanitärer Absichten, sie interessiert sich nicht für das einfache Volk, erachtet einen König an dessen Spitze als „fasst überflüssig" und Gesetze als „verächtlich". Die einzige Autorität, welche die junge Frau anerkennen würde, wäre „jemand, [...] der über die *Freiheit* wacht[e]"[387]. Wuthenow charakterisiert eine solche Gesin-

---

380 Gö I, S. 106.

381 Vgl. Heftrich, l´art pour l´art, S. 21.

382 Vgl. ebd. S. 25.

383 Vgl. ebd.

384 Vgl. Nietzsche, Friedrich: *Zur Genealogie der Moral. Eine Streitschrift.* Stuttgart: Reclam, 2000. S. 16. Im Folgenden: Nietzsche, Genealogie.

385 Gö I, S. 11.

386 Heftrich, l´art pour l´art, S. 18.

387 Vg. Gö I, S. 64f. Herv. H. Mann.

nung als „Art, neben dem Leben zu stehen“[388], durch die sich der ästhetizistische Künstlermensch „ein Stück Welt außerhalb aller Welt und vor jeglichem fremden Zugriff bewahrt [habe]“[389]. Der Romantext veranschaulicht auf Handlungsebene beispielhaft die Reaktionen der geistig abgesonderten Künstlerexistenz, wenn diese mit der Banalität des Alltags konfrontiert wird. Violante wertet grundlegende wesensbestimmende Mechanismen der Menschlichkeit ab und reagiert auf bestürzende sowie traumatisierende Ereignisse allenfalls „befremdet“. Nach der Vergewaltigung durch Pavic stuft sie Sexualität zunächst als „untergeordneten Vorgang“ ein und ist vor allem empört darüber, dass Pavic sie „immerfort *Violante* genannt [habe]“[390]. Die Nennung ihres Namens kann hier als Anspielung auf ihre Menschlichkeit gelesen werden, was die Herzogin in diesem Fall als Angriff auf ihre überhöhte Seele[391] wertet, der Pavic, Vertreter des einfachen Volkes, nicht würdig ist.

Während eines Besuches am dalmatischen Hofe begegnet die Herzogin der orientalischen Prinzessin Fatme, die ihr von den Grausamkeiten des Paschas erzählt, doch die Herzogin erwidert nur „achselzuckend“: „Immer den Kopf ab“[392]. Sie wird einzig berührt und inspiriert von der stereotypen europäischen Vorstellung des orientalischen Harems, den Fatme in ihren Geschichten erwähnt[393]. Der Tod ihres Vaters und ihres ersten und einzigen Ehemannes „verwundern“ Violante nur[394] und Pavics elterliche Liebe zu seinem Kind übergeht sie als nicht erwähnenswert[395]. Selbst die Unwissenheit über die eigene Identität nimmt sie, mangels Veranlagung zu emotionaler Regung, als natürlich hin[396].

---

388 Wuthenow, Ästhetizismus, S. 121.

389 Ebd. S. 124.

390 Vgl. Gö I, S. 76. Herv. d. Verf.

391 Vgl. ebd.

392 Ebd. S. 99.

393 „In Haar und Kleidung noch die Düfte des Harems und seine Träume noch in den Augen, begann [Violante] ihre Volksrede“ Vgl. ebd. Der exotische Faktor verweist an dieser Stelle proleptisch auf die Verwandlung Violantes in die *femme fatale*. Vgl. Praz, Schwarze Romantik, S. 175.

394 Vgl. Gö I, S. 26 und 31.

395 Vgl. ebd. S. 44.

396 Vgl. beispielhaft ebd. S. 111 und 121.

Nach diesem Muster lassen sich noch zahlreiche weitere Textbeispiele des *Diana*-Bandes anführen, die - verdeckt oder offensichtlich - die „höhere[n] ästhetische[n] und philosophische[n] Ansprüche" des Werkes veranschaulichen[397]. Die angestrebte Revolution der Herzogin ist somit allegorisch zu verstehen als Revolution des apollinischen Kunstprinzips, in dem sich die Kunst Freiheit und Autonomie gegenüber der Gesellschaft erkämpft. Letztere spricht während der Epoche der Moderne dem Künstlertum immer mehr Raum in ihrem Gefüge ab. Werner ist hier zuzustimmen, sie deutet den „historischen Stellenwert" der *Göttinnen*-Trilogie aus der darin proklamierten „ästhetischen Utopie als notwendige Antwort auf die gesellschaftliche Wirklichkeit"[398]. Jene Lesart gilt hauptsächlich in Bezug auf den *Diana*- und den *Minerva*-Teil. Dort bedingt der Funktionsverlust der Kunst deren Neuorientierung, „die ihren Sinn nur darin zu besitzen scheint, dass sie gegen die Vulgarität der Welt sich richtet"[399]. Verbunden mit dieser Neuorientierung „ist eine radikale Abdankung überlieferter Werte"[400] nach denen die bürgerliche Gesellschaft lebt. In der Dichtung der Jahrhundertwende äußert sich dies in der ambivalenten Darstellung übersteigerter und doch substanzloser Individualität:

> „Jede einzelne Erscheinung weist in der dichterischen Darstellung über sich selbst hinaus, - aber nicht in ein Jenseits, in eine Sphäre eigentlicher Transzendenz, die für die maßgeblichen Dichter dieser Zeit nicht mehr in Geltung steht [...]. Die Einzelerscheinung transzendiert ins Diesseits, d. h. sie verweist auf den großen Zusammenhang der Welt, in den sie eingefügt ist, sie symbolisiert das Ganze des Seins"[401].

Rasch schlussfolgert aus dieser Annahme, das Bestreben der zeitgenössischen literarischen Produktion sei es, „rein welthafte, diesseitige Totalität" darzustellen, in „einem Wort tausend Leben" zu leben, was „die Antwort der Dichtung auf den Zerfall der Welt in sinnleere Fakten" verkörpere[402]. In den *Göttinnen* wird ein literarischer Prototyp dieses künstlerischen Experiments vorgestellt. Das Individuum Violante von Assy reflektiert das Leben von tausend ihrer Ur-

---

397 Vgl. Banuls, Nachwort, S. 282.

398 Vgl. Werner, Cultur, S. 103.

399 Vgl. Wuthenow, Ästhetizismus, S. 113.

400 Vgl. Rasch, Jahrhundertwende, S. 9.

401 Ebd. S. 12 f.

402 Vgl. ebd.

ahnen und nimmt stetig Bezug auf den größeren, allumfassenden Weltzusammenhang, sodass das Leben künstlerisch-pathetisch mystifiziert erscheint: „Es schaut so vieles aus mir [Violante] heraus, soviel Sehnsucht...nach Dingen, die ich noch nicht ahne. Oh! Ich fühle Ehrfurcht vor dem Leben!“[403]. Die weiter oben angesprochene Neuorientierung der Kunst vollzieht sich im ersten Teil des Romans also trotz der Widrigkeiten der Realität innerhalb der Sphäre des Lebens. Die Künstler versuchen, sich im Leben neu zu erfinden, müssen dies aber gemäß den ästhetischen Grundsätzen des *l´art pour l´art* modifizieren, was in der „Abweichung von der Norm“[404] erreicht werden soll. Die Herzogin von Assy ist scheinbar weder gefangen innerhalb gesellschaftlicher-, sozialer- noch geschlechtlicher Normen und daher Künstlerin „in ihrer unstillbaren Begierde zu leben“[405]. Gleichzeitig besitzt sie die Stärke, das Leben in ästhetischer Manier „auszuhalten“[406], wie es ein Gespräch zwischen den diametral gesetzten Künstlerpersönlichkeiten Violante von Assy und der Schriftstellerin Contessa Blà verdeutlicht. In dieser Unterredung, die zugleich die letzte der beiden in Freundschaft ist - wenig später wird die Contessa von ihrem Geliebten Orfeo Piselli getötet - werden die Frauen mit ihren divergierenden Lebensentwürfen konfrontiert[407]. Anschaulich gestaltet Heinrich Mann diesbezüglich die Differenzen zwischen dem Künstlertypus der *Décadence*, den die Blà repräsentiert, und der ästhetizistischen Kunstauffassung, der sich die Herzogin in dieser Phase zuwendet. Die Contessa fasst in Worte, was die beiden unüberbrückbar voneinander trennt:

> „Ich, Violante, ich sterbe durch eine Mann, und ich sterbe gern. Du, du quälst dich fast zu Tode mit deinem hochmütigen Willen, fast zu Tode. Aber wenn er dich endlich an seine Brust drücken will, der Tod, dann scheuchst du ihn von dir, den Tröster [...]. Du, Violante, bist eine Künstlerin [...]. Ich bin eigentlich immer eine gute Bürgersfrau geblieben, habe aber doch vom schweifenden Elend der Namenlosen viel miterlebt“[408].

---

403 Gö I, S. 221.

404 Vgl. Rasch, Jahrhundertwende, S. 11.

405 Mann, Zeitalter, S. 6.

406 Vgl. Gö I, S. 222.

407 Vgl. ebd. S. 217 ff.

408 Ebd. S. 222.

Das Kunstschaffen der Blà beruht auf dekadenter Todesverfallenheit und Negierung des Lebenswillens[409], was von der Herzogin zu diesem Zeitpunkt ihrer Entwicklung als Irrweg gewertet wird. Letztere wird nämlich dem ästhetizistischen Weg der künstlerischen Vervollkommnung des Lebens folgen und muss die Freundin somit zurücklassen. Die Contessa deutet das Ende ihrer Freundschaft gemäß der dekadenten Sichtweise: „Wir waren Freundinnen solange [Violante] *träumt[e]*"[410], wobei die Blà die grundlegende Verschiedenheit ihrer beider Traumwelten übersieht. Für sie ist der Traum ein Verwandter des Todes, die Sehnsucht „nach dem Kreuz"[411], Violante aber verfolgt in ihrem Traum von der Freiheit das apollinische Prinzip, das Heinrich Mann in *Ein Zeitalter wird besichtigt* als Grundlage eines jeden „starken" Lebensgefühls anerkennt und dem nicht selten, wie es die *Göttinnen* proklamieren, ein revolutionärer Akt vorauszugehen habe, denn „wieder einmal [wolle] das Leben sich fühlen und [werde] spektakulär"[412]. Zusammengefasst beinhalten die vorangegangenen Überlegungen, dass die *Diana*-Phase der Herzogin von Assy zu einer vorläufigen Bejahung des ästhetizistischen Kunstprinzips eines *l'art pour l'art* tendiert. Autonomie, Zweckfreiheit und Schönheit des Kunstschaffens werden gegenüber Schwäche und Hässlichkeit des dekadenten- sowie dem utilitaristischen Anspruch des bürgerlichen Kunstverständnisses bevorzugen.

2.2 „Leere Identität", Opferung und Moral - Die Ambivalenz der Darstellung

Wie im vorangegangenen Kapitel herausgearbeitet wurde, vollzieht sich in der *Diana*-Phase der *Göttinnen* eine Hinwendung zu ästhetizistischer Lebenspraxis und Kunstauffassung. Dass diese Entwicklung jedoch nicht widerspruchsfrei dargestellt wird, lässt sich an einzelnen Textpassagen des ersten Bandes der Trilogie herausfiltern. Die kritischen Untertöne in Bezug auf Bürgertum und *Décadence* wurden weiter oben angeschnitten, ob sie sich auch auf ästhetizistische Kategorien anwenden lassen, sei an dieser Stelle der Untersu-

---

409 Die Figur der Contessa Blà wird in Kapitel 3.2.1 Gegenstand der Untersuchung sein.

410 Gö I, S. 221.

411 Vgl. Ebd. S. 220.

412 Vgl. Mann, Zeitalter, S. 5.

chung beiseite gestellt, da zunächst die ambivalente *Darstellung* der ästhetizistischen Künstlerpersönlichkeit von Interesse ist, also die literarische Ausgestaltung dessen, was die Theorie vorgibt[413]. Auffällig ist diesbezüglich in erster Linie das Sichtbarwerden der weiblichen, „leeren Identität" des Kunstproduktes Violante von Assy. Hilmes, auf die der Begriff zurückgeht, erkennt folgerichtig: „Bei [...] Heinrich Manns Herzogin von Assy [...] wird die Frage nach Substantialität des Ich explizit entfaltet. Im Spiegel der Kunst wird das Weibliche ausgelegt und aufgelöst"[414]. Von Anfang an wird die Protagonistin in Verbindung gebracht mit historischen, mythologischen, künstlerischen und literarischen Bildvorstellungen, Hilmes folgert treffend, sie sei „von Bildern umstellt"[415]. Violante erscheint im ersten Band der Trilogie als letzte Aristrokratin ihrer Ahnenreihe, *Chloe*, „Hexe Morra", *femme fragile* sowie als Göttin *Diana*, doch niemals in Person der Violante. Hilmes führt dazu weiter aus, dass diese Bilder „immer nur wieder auf sich selbst [verweisen]"[416] sowie, dass bewusst gelebte Bildlichkeit „Verklärung und Verzicht" bedeute: „Zum Traum verklärt wird Verzicht geleistet auf Unmittelbarkeit"[417]. Das bedeutet auf figuraler Ebene, dass keine Innensicht in den Charakter der Herzogin gewährt wird, da sie stets nur durch die sie umgebenden Personen reflektiert wird[418]. Auf Handlungsebene ergibt sich die Negation einer wirklichen Entwicklung im Sinne von psychischer Reifung oder Reflexion des eigenen Lebens, allein auf mythologischer Ebene vollziehen sich Verwandlungen in unterschiedliche Rollenbilder, die die Herzogin jedoch lediglich durchspielt und dann wieder abstreift. Dementsprechend befremdet reagiert Violante, wenn sie zu eventuellen Gefühlsregungen oder Aussagen über ihre Befindlichkeit aufgefordert wird, ihre häufigsten Entgegnungen lauten: „Ich weiß nicht"[419], „ich habe mich

---

413 Eine *Wertung* der Ambivalenz, die auf Schwachstellen der Theorie beruht, wird in Kapitel 3.3 vorgenommen.

414 Hilmes, femme fatale, S. 176.

415 Vgl. Ebd. S. 217.

416 Vgl. ebd. S. 218.

417 Ebd.

418 Vgl. hierzu beispielhaft gleich zu Beginn des Romans die Beschreibung der Wirkung der Herzogin auf andere: „Alle suchten sie mit den *Augen*". Gö I, S. 11. Herv. d. Verf.

419 Vgl. ebd. S. 111.

bisher nicht genau untersucht“[420], „augenblicklich ist es mir gleich“[421], sie ist „sehr erstaunt“[422] oder „sie war überrascht und nichts weiter“[423]. Und auch von dem „Sich-entblößen einer Seele“ durch andere möchte sie verschont bleiben, es „peinigt“ und „beschämt“ sie[424]. Für Emrich entspricht die Herzogin „als Unbewegte, Schauende, Verweilende [...] dem apollinischen `ruhigen Dasitzen´, der `Freiheit von den wilderen Regungen´“, welche die „majestätisch-ablehnende Haltung“ eines apollinischen Künstlers im Sinne Nietzsches auszeichne[425]. Die Passivität, darüberhinaus nach Praz ebenso konstitutives Element der *l´art pour l´art*-Theorie[426], bezeichnet Hilmes in Referenz auf Erich Mühsam als Art „neben dem Leben zu stehen“: „Die Herzogin ermöglicht, lässt geschehen, ist selbst beteiligt und doch distanziert“[427].

Diese „Charakterlosigkeit“ bedingt das Fehlen von Mitgefühl und moralischer Abwägung in Bezug auf ihre „Abenteuer“, was als Ursache für den Vorwurf des „ruchlosen Ästhetizismus“ gegenüber dem Werk gesehen werden kann. Tatsächlich gestaltet Heinrich Mann seine Herzogin von Assy in Anlehnung an Nietzsches Überlegungen zu den Kategorien „Gut“ und „Böse“[428]. Dort wird die auf gesellschaftlichen Wertvorstellungen beruhende Unterteilung der beiden Begriffe nach dem bürgerlichen Utilitaritätsprinzip abgelehnt[429] und deren Konnotation unter etymologischen Gesichtspunkten betrachtet[430]. „Gut“ bedeutet demgemäß ein auf dem „Pathos der Vornehmheit und Distanz“ beruhendes „Gesammt- und Grundgefühl einer höheren herrschenden Art im Verhältnis zu einer niederen Art, zu einem `Unten´“, welches mit der Bezeichnung „bö-

420 Vgl. ebd. S. 121.

421 Vgl. ebd.

422 Vgl. Ebd. S. 100.

423 Vgl. Ebd. S. 271.

424 Vgl. ebd. S. 264 und 201.

425 Vgl. Emrich, Macht und Geist, S. 120.

426 Vgl. Praz, Schwarze Romantik, S. 20 f.

427 Hilmes, femme fatale, S. 190 f.

428 Laut Schröter besaß Heinrich Mann die 2. Auflage dieser Schrift und kannte deren Inhalt *vor* Entstehung der *Göttinnen*. Vgl. Schröter, H. Mann, S. 70.

429 Vgl. Nietzsche, Genealogie, S. 16 f.

430 Vgl. ebd. S. 17.

se" im Sinne von „schlecht"- semantisch gleichbedeutend mit „schlicht"- bedacht wird[431]. In Manns Trilogie wird diese Kategorisierung jedoch *nicht* nach dem Muster der „Herrenmensch-Philosophie" Nietzsches umgesetzt, sondern, wie auch Schröter anmerkt, unter Einbeziehung psychologisch-moralkritischer Aspekte gestaltet[432]. Für die Anlage der Figur der Herzogin von Assy bedeutet dies, dass die Freiheit, die sie in der *Diana*-Phase proklamiert, Nietzsches Prinzip der „Freiheit von allem socialen Zwang"[433] folgt, die dem privilegierten Menschen zustehe. Außerhalb der „Einschliessung und Einfriedigung in den Frieden der Gemeinschaft" positioniert, trete er

> „in die Unschuld des Raubthier-Gewissens zurück, als frohlockende[s] Ungeheuer, welche[s] von einer scheusslichen Abfolge von Mord [und] Niederbrennung [...] mit einem Übermuthe und seelischen Gleichgewichte davongeh[e], wie als ob da nur ein Studentenstreich vollbracht [wäre], überzeugt davon, dass die Dichter für lange nun wieder Etwas zu singen und zu rühmen [hätten]"[434].

Violante von Assy ist von dieser überzeitlichen mythologischen Unschuld gezeichnet, darauf verweist der Text zu Beginn während einer der imaginierten Begegnungen der Herzogin mit ihren Ahnen. Diese Szenen, die den Charakter von „Zeitreisen" haben, scheinen das Raum-Zeitgefüge des Textes für den Moment ihrer Dauer aufzuheben und es entsteht der Eindruck, als wandle Violante in einer gegenwärtigen Vergangenheit, welche darüberhinaus die Zukunft bedeutet[435]. In der angesprochenen Szene beobachtet sie während ihrer Kindheit einmal das Leben ihres berühmten Vorfahren Pier-

---

431 Vgl. ebd. S. 15 und 17.

432 Vgl. Schröter, H. Mann, S. 70.

433 Vgl. Nietzsche, Genealogie, S. 30.

434 Ebd.

435 Vgl. dazu auch eine Szene des *Minerva*-Bandes, in der zusätzlich die Tempi Verweischarakter auf die Überzeitlichkeit des Geschehens haben: „Den [...] Weg, den die Blà *soeben* mit einem Seufzer *verlassen hatte* [Sie war zu diesem Zeitpunkt schon länger tot] - *zur selben Stunde beschritt* ihn Properzia Ponti. Die Schicksale *schließen* sich mit unheimlicher Pünktlichkeit aneinander, zu einer wuchtigen Kette, sie *umspannt* uns immer enger [...]. Sie, Frau Herzogin, *haben noch Zeit*. Sie *sind* Diana *gewesen*, *jetzt sind* sie Pallas. Der dritte Saal *liegt* noch in wüsten Träumen und *wartet* auf Sie. Venus *ist* noch *abwesend*". Diese Szene verdeutlicht anschaulich das Motiv der ewigen Widerkehr. Gö II, S. 43. Herv. d. Verf.

luigi von Assy, dessen Werdegang auf den ihren verweist: „Sein Leben war voll von Flitter, Intrigen, Duellen und verliebten Frauen [...]. Er starb unter Scherzen, höflich, nachsichtig mit den Sünden der andern und zur Reue über die eigenen nicht geneigt“[436]. Reue empfindet auch Violante als *Diana* nicht und selbst die Eigenschaft der Nachsichtigkeit ist von außermoralischen Grundsätzen bestimmt. So erscheint es auf den ersten Blick paradox, dass sie einem Mörder seine Tat nachsieht, Pavic aber nicht verzeihen kann, dass er ihr seine Selbstopferung für die Sache der Revolution versagt[437]. Sie argumentiert an dieser Stelle aber nach nietzscheanischen Kategorien und unterscheidet zwischen „gut/seelisch privilegiert“ und „böse/pöbelhaft“: Das gemeine Volk, das aufgrund von „Dummheit, Aberglaube und Trägheit“ „moralisch empfinde“, könne nichts für verbrecherische Taten, es müsse erst „erzogen“ werden[438]. Pavic aber, der sich zum Abführer seines Volkes und der Freiheit stilisiert habe, erfülle sein Schicksal nicht, denn er hätte „als Freier sterben“ müssen[439], um den Symbolcharakter der Freiheit und des privilegierten Guten zu bewahren. Pavics „Feigheit“ lässt in den Augen der Herzogin die Grenzen zwischen „gut“ und „böse“ verschwimmen und dies macht sie ihm zum Vorwurf, denn ihr Gerechtigkeitsbegriff umfasst keine „Gnade“, sondern nur das Recht auf persönliche Freiheit[440]. In diesem Sinne kann Violante, von ihrer Herkunft zum Guten bestimmt, keine „schlechten Taten“ vollbringen oder veranlassen, wenn sie ihrem natürlichen Auserwähltsein treu bleibt und jede ihrer Rollen bis zum Ende durchspielt. Diese Veranlagung führt die Herzogin schließlich zu ihrer nächsten Metamorphose, in der „Inszenierung als künstlerische Lebenspraxis“ verfolgt wird, was „berechnende Verstellung und willkürliche Spielerei“ ausschließt[441]. In der Inszenierung beinhaltet ist ferner die Option, die zentrale Künstlerproblematik des *Fin de Siècle* zu lösen, „die Mög-

---

436 Ebd. S. 16.

437 Vgl. ebd. S. 100 ff.

438 Vgl. ebd. S. 100.

439 Vgl. ebd. S. 89. Vgl. auch ebd. S. 103. Dort erscheint der Herzogin Pavics totes Kind als Vision, doch sie lehnt dieses „Opfer“ des Tribuns gleichgültig ab, da es seinen „Fehltritt“ nicht ungeschehen mache und sie ihn längst aufgegeben habe.

440 Vgl. ebd. S. 73.

441 Vgl. Hilmes, femme fatale, S. 193. Die beiden letzten Eigenschaften setzen das eben erläuterte „moralische Bewusstsein“ voraus, das der Herzogin fehlt.

lichkeit, Kunst *und* Leben vereinbar zu machen"[442]. Ob diese Synthese erfolgt und welchen Preis jede Seite dafür zu zahlen hätte, dies ist wesentlicher Bestandteil der nachfolgenden Überlegungen.

442 Vgl. ebd. Herv. d. Verf.

3 Zweiter Teil: „Renaissancefrau"

3.1 Das Leben - Ein ästhetizistisches Kunstwerk

Gegen Ende des *Diana*-Bandes resümiert Violante von Assy ihren Freiheitstraum und beschließt: „Auf soviel Schönheit wollte ich ein Reich der Freiheit gründen. Heute verzichte ich und ziehe mit den Statuen allein meines Weges"[443]. Diesen Ausspruch kommentiert die Erzählinstanz mit den Worten: „Es war als träte sie [die Herzogin] in den Schutz der Pallas [Minerva]"[444]. Diese Szene markiert den Übergang der Protagonistin in ihre nächste Rolle *Minerva*, die sie zur Hüterin der Kunst macht. Der Freiheitstraum wird abgelöst durch den Schönheitstraum, wobei die „Statuen" auf den artifiziellen Charakter der Schönheit verweisen, der sich die Herzogin fortan widmen wird. Demgemäß ist das Zitat Ada Negris, das dem *Diana*-Band der *Göttinnen* als Motto vorangestellt ist, zu Beginn des *Minerva*-Teils um zwei wegweisende Verse Platens erweitert worden: „Und wessen Herz Vollendetem geschlagen,/Dem hat der Himmel weiter nichts zu geben!"[445]. In seiner Skizze zu *Platen in Italien* bestimmt Heinrich Mann genauer, welche Schlüsse er aus den wenigen Zeilen zieht: „Die Schönheit, bei der man zu lange verweilt, versengt und trocknet aus. Sie entmutigt, denn was sollte man selbst noch zu leisten hoffen, nachdem man erkannt hat, wo das Höchste thront"[446]. Diese Erkenntnis antizipiert allegorisch die Kunstphilosophie, die dem zweiten Teil der Trilogie zugrunde liegt und die im Folgenden auf ihre Realisierbarkeit untersucht werden soll.

In der zweiten Phase ihres Lebens, auf dem Höhepunkt ihrer Schönheit, begibt sich die Herzogin von Assy in die symbolträchtige Stadt Venedig. Dort errichtet sie sich einen musealen Palast, der gleichzeitig Denk- und Mahnmal der Kunst darstellen soll. Diese Kunst erscheint im ästhetizistischen Gewand eines „offenbar gewordenen Luxus" uns strahlt die „sterile Schönheit des Anti-

443 Gö I, S. 257.

444 Ebd. S. 258.

445 Diese Verse sind aus Platens *Sonett XXVIII* entnommen. Vgl. Gö, Materialien, S. 303.

446 Ebd. S. 304.

Natürlichen" aus[447]. Die ästhetizistischen Symbole „tote Stadt [hier: Venedig], Haus [der Assysche Palast], Innenraum [die Säle der Göttinnen], umgrenzter Garten [der künstliche Garten]"[448] schaffen laut Wuthenow einen „hortus conclusus", in dem der Künstler - hier der Maler Jakobus Halm - als „Architekt des Vollkommenen" den Bedrohungen der hässlichen und defizitären Wirklichkeit entgegenwirken sowie ungestört einen „Kult der schönen Gegenstände" berteiben könne[449]. Die Kunstlandschaft, die die zweite Phase der Herzogin entfaltet, versinnbildlicht detailgetreu künstlerische Verabsolutierungstendenzen des Ästhetizismus. Das erste Bildnis, welches aus der umfangreichen Palastgalerie zur Beschreibung herangezogen wird, zeigt das Antlitz einer „goldblonde[n] Königin [, die] zärtlich über die Welt *erhöht* ward [...] und *zwecklos thronte*, weil sie *schön* war"[450]. „Zwecklos schön" über die Welt erhöht thronen, diese Auffassung von Schönheit folgt wortgetreu den Gesetzen des *l´art pour l´art*, die konstruiert wurden auf Basis des Scheincharakters der Schönheit von Kunst. Wirklichkeitsflucht und –furcht werden kompensiert durch das Schaffen einer artifiziellen Welt, die dem kreativen Akt des Künstlers vermeintlich Leben einhaucht. Dieses Leben im Schein der Kunst soll ermöglichen, „über die Absurdität des Daseins hinwegzutäuschen" und „ein leuchtendes Schweben in reinster Wonne und schmerzlosem, aus weiten Augen strahlendem Anschauen"[451] zu konstituieren. Nietzsche proklamiert den Oberflächenkult von Kunst *und* Leben, womit Kunst und Leben ununterscheidbar würden, denn „unser Bewusstsein über diese unsere Bedeutung [sei] kaum ein anderes [...] als es die auf der Leinwand gemalten Krieger von der auf ihr dargestellten Schlacht [hätten]"[452].

In diesem Sinne sind die Kunstwerke und die sie umgebenden „realen Menschen" des Palastes der *Minerva* gestaltet: Die Menschen werden „verkünstlicht", „jeder Mann nur ein Palettenklecks für unsere Leinwand"[453], die Kunstwerke atmen mehr Leben als ihre Betrachter: „Die Stimmen der Lust, die das Haus durchschwärmten,

---

447 Vgl. Wuthenow, Muse, S. 117.

448 Vgl. ebd. und Gö II, S. 11-35.

449 Vgl. Wuthenow, Muse, S. 116 ff.

450 Gö II, S. 14. Herv. d. Verf.

451 Nietzsche, Tragödie, S. 35. Vgl. auch Werner, Cultur, S. 99.

452 Ebd. S. 43.

453 Gö II, S. 11.

die glücklichen Gebärden, die es schmückten, sie gehörten den Gemalten. Mit ihren hellen Gewändern, ihren zuversichtlichen Mienen und ihren starken Handlungen berauschten sie die Gäste"[454]. Orientierend am Formkult des Ästhetizismus wird „die Welt nur noch als ästhetischer Gegenstand zugelassen", der Mensch ist - wenn überhaupt - nur noch als „Sujet" existent, „denn allein als Formen sind die Dinge noch gerechtfertigt"[455]. Die drei Säle im venezianischen Palast, die jeweils einer der drei Göttinnen *Diana*, *Minerva* und *Venus* gewidmet sind, lassen keinen Zweifel daran, dass die Herzogin in diesem gegenwärtigen Verwandlungsstadium Wirklichkeit durch Kunst ersetzt, um ihrem zuvor auf schrankenloser Freiheit aufgebauten Dasein eine Richtung zuzuweisen und damit Sinn zu konstituieren. Als sie *Diana* war, haben die Bilder „geschwiegen"[456], sodass Violante weitergehen musste, um Antworten zu finden. Der Saal der Venus offenbart noch kein Bild, seine Antworten bleiben ihr vorerst „brünstige Geheimnisse", die ihr den Zutritt verwehren[457]. Im Saal der Minerva aber „beglücken" die Bilder die Herzogin, sie will nur sie kennen. In der Inszenierung ihres Lebens als Kunstwerk glaubt sie, die Vitalität und Dauer erreichen zu können, die der flüchtigen überlebten Wirklichkeit abhanden gekommen sind: „Ich meinerseits lebe gern unter den Starken. Es befriedigt mich, zu wissen: sie werden noch dastehen, wenn ich verschwunden bin. Darum halte ich mich zu den Kunstwerken"[458]. Die Herzogin versucht, es diesen gleich zu tun und begegnet ihren Mitmenschen als „bewegtes Bild"[459], das stets neu interpretiert werden muss und auf diese Weise den schöpferischen Akt des Künstlers aufrechterhält, sodass sein Fortbestehen garantiert werden kann. Sie verkörpert den „Traum", der den apollinischen Künstlertypus - hier in Gestalt des Jakobus Halm - heimsucht, letztgenannter bekennt: „Das Beunruhigende liegt darin, dass ich sie zu oft male [...]. Sie, Herzogin, sie kommen mir fast vor wie einer meiner Träume. Wie

---

454 Ebd. S. 13. Zur Thematik des „künstlichen Menschen" und des „lebendigen Kunstwerkes" vgl. Dahlem, Auflösen und Herstellen, S. 169-182. Siehe auch Gö II, S. 30.

455 Vgl. Wuthenow, Muse, S. 22. Nach Flaubert verlangt die Kunst als Vorbedingung ihrer Entfaltung „immer wieder den Glauben an die Freiheit". Flaubert in Wuthenow, Muse, S. 83.

456 Vgl. Gö II, S. 17.

457 Vgl. ebd. S. 32 und 39.

458 Ebd. S. 24.

459 Vgl. ebd. S. 50 f.

gesagt, sie beunruhigen mich immer aufs Neue. Ich sehe sie niemals endgültig"[460]. Das „Beunruhigende" kann in diesem Fall als Akt des Inspirationsgeschehens gewertet werden, in dem der Künstler die Kraft für seine Werke gewinnt. Die Inspiration ist hier noch klar abgetrennt von der Sphäre menschlicher Emotionen, um so die Illusion einer absoluten Kunstproduktion aufrecht zu erhalten, „die als reine Idealität alles banal Menschlich-Wirkliche transzendiert"[461]. Der Mensch Violante wird durch die Assoziation mit dem Traum des Künstlers Jakobus zu dem entweltlichten Gegenstand, einem depersonalisierten Bild. Der Maler vollzieht an ihrem Beispiel den Prozess der Sublimation, er spricht sie und damit sich selbst von den Irritationen der menschlichen Gefühlswelt frei, um vollendete Kunst schaffen zu können: „Meine Kunst will ich stark, streng, unpersönlich und von weichen Gefühlen [wie der Liebe] unabhängig"[462]. Auf Basis von Gefühlen könne er keine Inspiration erlangen, denn es seien „eben nur Gefühl[e]" und „keine Bilder", wie die Herzogin eines wäre[463]. Letztere folgt der Interpretation des Jakobus, ihre Künstlichkeit in der Rolle der *Minerva* vollzieht sich nach dem Vorbild der Plastizität[464]. „Zu stolz um tief zu sein", werde die Äußerlichkeit des Kunstwerkes hervorgehoben und Ästhetik allein in visuell geistiger Anschauung erfahren[465]. Da die Grenzen zwischen der Wirklichkeit und „dem im artifiziellen Bild Angeschauten" fließend würden, werde es ermöglicht, das außergewöhnliche lebende Subjekt zu einem idealen künstlichen Objekt zu stilisieren[466], wie es im Fall Violantes versucht wird. Diese selbst erklärt, dass sie ihr Wirklichkeitsempfinden auf der Befriedigung von Scheinbedürfnissen aufgebaut hätte: „[Ich] lasse allen Seelen ihre Schönheit gelten, die eine geschickte Hülle angelegt haben. Die Schönheit aber, der

460 Ebd. S. 51.

461 Vgl. Werner, Cultur, S. 98.

462 Gö II, S. 51. Vgl. auch Emrich, sie erachtet Jakobus anfängliches Kunstempfinden als Nachvollzug Nietzsches, er verfolge den Gedanken „interessenloses Wohlgefallen" sei die Grundlage künstlerischen Schaffens. Diese Auffassung gebe er jedoch, ebenfalls im Sinne Nietzsches, später auf zugunsten von „gefühlter Kunst". Emrich, Macht und Geist, S. 81.

463 Vgl. ebd.

464 Vgl. Werner. Diese erkennt in der *Minerva*-Phase den Nachvollzug der „Kunstdoktrin de[r] Parnasse", die eine dichterische Analogie zu den skulpturalen Künsten verkörpern wollten. Werner, Cultur, S. 99.

465 Vgl. ebd. S. 100.

466 Vgl. ebd.

wir ohne Enttäuschung bis auf den Grund der Seele gehen können, sie gehört nur den Kunstwerken und den seltenen Menschen, die vollkommen sind wie sie"[467]. Die Kunst soll ein schönes Dasein garantieren, die größte Bedrohung wird demgemäß in der „Enttäuschung" des Objekts gesehen, in der Erkenntnis, dass dasselbe doch durch Emotionen menschlich, d. h. hässlich und somit entstellt wird. So beschließt die Herzogin, niemals zu fragen, „wie es in fremden Seelen aus[sehe]; [sie] fürchte zu sehr die unsauberen Antworten"[468]. Sie und Jakobus klammern sich an die gemeinsame Hoffnung, Violante sei „nur ein Bild"[469] und kein Mensch, in diesem Sinne soll der Schein aufrecht erhalten werden.

Aus der steten Reflexion und Interpretation des Kunstwerkes entsteht die ästhetizistische Tendenz, „der Gegenwart den Charakter des Unmittelbaren zu nehmen und sie dafür als `vorweggenommenes Erinnern´ aufzusaugen"[470]: „Die Mänade taumelt, die Nymphe lacht, und ein Widerschein fällt auf die vergängliche Hand"[471]. Auf diese Weise imaginiert Jakobus die Herzogin bei dem Begutachten einer antiken Vase und es scheint, als werde diese Szenerie eingefroren und bilde die Vorlage für ein weiteres Kunstwerk. Die „taumelnde Mänade" wird die Zukunft Violantes einläuten, die „lachende Nymphe" war sie einst, verschmolzen mit beiden auf der Oberfläche der Vase erhält die *Minerva*-Gestalt der Protagonistin Ewigkeitscharakter, der sie von den Fesseln der Gegenwart befreit. *Minerva* ist aber, wie Hilmes treffend formuliert, „eben nur ein glücklicher Moment, der im Bild festgehalten wird. Die Romanhandlung geht weiter"[472]. Jakobus, der Violante als „Pallas Athene" malen will, verpasst den richtigen Moment und wendet sich der Gestaltung eines „Venus"-Bildnisses zu, dem Ruf der Göttin wird auch die Herzogin folgen. So resümiert diese nach dem Eintritt in ihre letzte Lebensphase: „Mein Leben aber ist ein Kunstwerk, das schon vor meiner Geburt vollendet war: das ist mein Glaube. Ich habe es nur durchzuspielen bis zum Ende"[473].

---

467 Gö II, S. 27.

468 Vgl. ebd.

469 Ebd. S. 51.

470 Wuthenow, Muse, S. 276.

471 Gö II, S. 52.

472 Hilmes, femme fatale, S. 189.

473 Gö II, S. 267.

3.2 Der moderne Konflikt zwischen Kunst und Leben

Ein basales Motiv der Romantrilogie *Die Göttinnen* ist, wie weiter oben besprochen, die Kunstthematik vor dem zeitlichen Hintergrund des *Fin de Siècle*. Demgemäß thematisiert Heinrich Manns Werk ebenfalls den damit verbundenen zentralen Aspekt der Problematisierung des Künstlertums im Hinblick auf seine Lebenstauglichkeit. Die in späteren Werken des Autors explizit ausgeführte Bürger-Artisten-Problematik[474] erscheint in den Abenteuern der Herzogin von Assy noch in der allgemeineren Form der Gegenüberstellung von Kunst und Leben. Erneut durch Thesen Nietzsches beeinflusst, wird den Vertretern des Lebens zwar Glück und Gesundheit, zugleich jedoch Dummheit und Unwissenheit zugebilligt. Der Künstlertypus sei analog beseelt von einem „durchdringenden Geist" der Erkenntnis, diese schwäche aber den Körper, mache ihn krank und den Künstler sensibel sowie einsam, da er aufgrund seiner exponierten Stellung nicht „massenkonform" wäre[475]. Begünstigt durch das aufkommende Interesse an der Psychologie des Menschen entstehe in der Zeit des *Fin de Siècle* zudem eine „Wechselwirtschaft" zwischen dieser und der Literatur: „Schriftsteller bedienen sich psychiatrischer Quellen [...] und Psychiater wiederrum, suchen und finden in der Literatur Belege für die behauptete Wesensgleichheit von Geistkrankheit und Genialität"[476]. Lorenz führt hierzu die sogenannte „Degenerations-These" an, die sich an der Schwelle zum 20. Jahrhundert großer Popularität erfreut und in der These von der „Gleichsetzung von `Genie´ und `Irrsinn´ münd[e]"[477]. „Hysterie", „Neurasthenie", „Schwindsucht" sowie die „schwachen Nerven", all diese vermeintlichen Krankheitsbilder werden zu Attributen der verfeinerten und hellsichtigen Künstlerpersönlichkeit stilisiert, die unmöglich am wirklichen Leben teilhaben kann, da sie zu tief in es geblickt hat. Clemens Sokal etwa beschreibt aus zeitgenössischer Perspektive[478] die „Überreizung", welche der Beruf des „modernen Schriftstellers" mit sich brächte:

---

474 Vgl. zu dieser Thematik u. a. Banuls, H. Mann, S. 49 ff; ders., Th. Mann, S. 116 ff; Schröter, H. Mann, S. 73-85.

475 Vgl. Kurzke, Hermann: „Nachwort". In: Mann, Thomas: *Tristan*. Stuttgart: Reclam, 2000. S. 51-63, S. 54.

476 Vgl. Lorenz, Moderne, S. 111.

477 Vgl. ebd. S. 112.

478 Im Jahr 1895. Vgl. Sokal, Clemens: *Sterben*. Gekürzt in Wunberg, Moderne, S. 266-268.

„Eine krankhafte, fast hysterische Schwäche, die sich bei ihm wie bei seinen Freunden gemeinsam herausbilden mußte, weil ihr Geist sich im unnatürlichen Zustande unaufhörlicher Überhitzung befindet. Die Jagd nach Sensationen, die Tortur der unablässigen Selbstbeobachtung [...] lassen bei demjenigen, der von seiner Feder lebt und zugleich die höchsten Anforderungen als Künstler an sich selbst stellt, mit der Zeit solche klaffenden Risse im Seelenleben entstehen, aus denen dann der kalte Hauch des Trübsinns und der Todesahnung aufsteigt"[479].

Hier kommt die moderne Auffassung zu Vorschein, dass höchste Kunst aus höchstem Leid erwachse, die seelische „Überhitzung" des Künstlers die Folge seines überhöhten Geistes und Ausdruck seines Talents sei. Heinrich Mann nimmt diesbezüglich in den Notizen zu dem *Minerva*-Manuskript die Formel „Talent=Vampyr"[480] auf, die allegorisch auf den Zustand permanenter Lebensbedrohung verweist, in der sich der Künstler bei der Ausübung seines Berufes befände[481]. Jedoch steuert Mann, Nietzsche paraphrasierend, dem geläufigen Künstlerbild von der Genialität mit der *Minerva*-Konzeption entgegen. Er erachtet den Künstler, der „etwas tauge" als „(auch leiblich) stark angelegt", „sensibel" zwar, jedoch genauso ein „Krafttier"[482]. So liegt der zweiten Phase der Herzogin von Assy auch die Gegenüberstellung der verschiedenen Theoriemodelle zum Themenkomplex „Kunst versus Leben" zugrunde. Die Nebenfiguren symbolisieren die opponierenden Einheiten, wobei Properzia Ponti und die Contessa Blà[483] den krankhaften Künstlertypus repräsentieren, dessen „Überhitzung" ihn große Werke vollbringen aber

---

479 Ebd.

480 Vgl. Hillebrand, Bruno (Hrsg.): *Nietzsche und die deutsche Literatur*. Bd. I. Tübingen: Niemeyer, 1978. S. 134. Im Folgenden: Nietzsche I.

481 Zum populären Vampirismus-Motiv der Jahrhundertwende vgl. Fritz, Dämonisierung, S. 477 ff. Die Verbindung von Künstlertum, Weiblichkeit und Vampirismus wird während der Analyse des *femme fatale*-Motivs in Kapitel 4 dieser Arbeit näher besprochen.

482 Vgl. Nietzsche I, S. 133.

483 Diese erscheint zwar in der *Diana*-Phase der Herzogin, erfüllt aber die weiter oben angesprochene „Doppelgängerfunktion", hier in Bezug auf Properzia Ponti. Beide Frauen vereint ein ähnliches Schicksal und die Herzogin von Assy stellt das der Blà während der *Minerva*-Phase stets neu zur Diskussion - vor allem im Zusammenhang mit Properzia Ponti. Vgl. Gö II, S. 43, S. 91 und S. 124.

auch am Leben leiden und zugrunde gehen lässt. Das „Leben“ hingegen kulminiert in dem stets zufriedenen, schillernden Charakter der Lady Olympia, die die sterile Kunstwelt des Palastes Assy durchbricht und aufwühlt.

Im Folgenden sollen nun jene Figuren und ihre Funktionen im Roman erörtert werden, um vor diesem Hintergrund festzustellen, ob es in der Protagonistin Violante von Assy zur Zeit der *Minerva*-Verwandlung zu dem angestrebten Ideal der Vereinigung von der Kunst mit dem Leben kommt. Die männlichen Vertreter der Kunst und des Lebens, Jakobus Halm in der zweiten Phase der Herzogin, Jean Guignol in der dritten Phase sowie die allgegenwärtige Nietzsche-Karikatur[484] Gottfried von Siebelind, werden nur am Rande in die Analyse einbezogen, da der den Roman bestimmende Letalfaktor auf dem spezifischen Zusammenspiel von Kunst, *Weiblichkeit* und (zerstörerischer) Liebe beruht. Jede der erwähnten Frauenfiguren eröffnet mit ihrer Rolle einen anderen Aspekt dieser Thematik, auf den die männlichen Gegenspieler allenfalls *reagieren*, sei es aus der Opfer- oder aus der Täterperspektive.

3.2.1 Die Contessa Blà und Properzia Ponti: Vertreterinnen der leidenden Kunst

Die Contessa Blà, erste Vertraute der Herzogin von Assy, ist Schriftstellerin, die ihre Kunst anfangs aus der Notwendigkeit des Broterwerbs erlernt[485] und damit auf den ersten Blick dem bürgerlichen Nützlichkeitsprinzip, hier im Sinne einer Unterhaltungsfunktion, entspricht[486]. Jedoch basiert ihre Kunstproduktion in gleichem Maße auf der „krankhaften Bereitwilligkeit“, das *Leiden* in ihrer Nähe zu suchen und daraus Inspiration zu ziehen[487]. So entwickelt sie sich in der Folge zu einer bekannten Dichterin, deren Talent proportional zu dem im Leben erfahrenen Schmerz wächst. Sie ist ganz im Sinne des dekadenten Künstlertypus gestaltet, darauf verweist der Text explizit mit der Erwähnung ihres bekanntesten Gedichtbandes, das den Titel „Schwarze Rosen“ trägt und damit offenkundig Bezug nimmt auf Baudelaires *Les Fleurs du Mal*. Die diesen Gedichten in-

484 Vgl. Emrich, Macht und Geist, S. 86.

485 Vgl. Gö I, S. 153.

486 Die Contessa schrieb zu Beginn „Modebriefe, dann Plaudereien, schließlich sogar Politik […] mit katholischem Anstrich“. Vgl. ebd.

487 Vgl. ebd.

newohnenden Motivkomplexe von tödlicher Schönheit, aufzehrender Sinnlichkeit und ästhetischer Hässlichkeit bestimmen das Wesen des *Décadent* der Jahrhundertwende, welcher sich einem „jähe[n], bunte[n] und grotesk[en] Leben von grellen Launen und […] phantastischen Begierden“ hingibt, „dem Banalen feind, nach Chimären lüstern“[488]. Diese „wollüstige Selbstmarter“[489] ist ebenfalls Lebensparole der Contessa Blà, sie kulminiert in der sadomasochistischen Beziehung zu dem Dandy und dekadenten „Seelentrinker“[490] Orfeo Piselli, der synchron zur Quelle höchster Kunst und höchsten Leids der Dichterin wird. Die Herzogin von Assy prophezeit während des ersten Zusammentreffens der beiden die für die Blà fatale Symbiose, in die sich letztere begeben wird: „Sie [die Contessa Blà] sah aus, als verursache sein [Pisellis] Anblick ihr einen körperlichen *Schmerz*, der sie *beselige*“[491]. Desweiteren charakterisiert sie den „berufsmäßig schönen Mann“[492], der nach dem antiken Narziss-Motiv gestaltet ist[493], gemäß ihrem ästhetizistischen Kunstideal, er sei eine „bezaubernde und leere Maske“ und habe „recht, wenn er mit sich zufrieden [sei]“[494]. Für die Dichterin wird die Schönheit Pisellis zum Verhängnis, erst in ihrer Beziehung kann er sein ganzes Potenzial als „homme fatal“[495] entfalten und den dekadent grausamen Ursprung seiner äußerlichen Perfektion entdecken. Sein Gebaren in Bezug auf die Blà entspricht den „unsauberen Antworten“, nach denen die Herzogin nicht fragen möchte[496], um der Desillusionierung durch die Schönheit zu entgehen. Die Contessa jedoch benötigt genau diese „Ent-täuschung“, sie findet ihren künstlerischen Freiheitstraum im Verlangen nach „*sehr viel* Leiden“[497]. Piselli ermög-

488 Vgl. Bahr, Dilettantismus. In: Wunberg, Moderne, S. 235.

489 Vgl. Stauf von der March, Neurotische. In: Wunberg, Moderne, S. 240.

490 Vgl. Thomalla, femme fragile, S. 88.

491 Gö I, S. 147.

492 Ebd. S. 148.

493 Vgl. hierzu Fritz, der das Narziss-Motiv mit der Dämonisierung des Erotischen in der Literatur der Jahrhundertwende bezeichnet als „Ruhen im Zentrum bewusstloser Selbstgewissheit, die ohne Reflexion auf anderes nur sich selbst besitzt“. Fritz, Dämonisierung, S. 459.

494 Vgl. Gö I, S. 145.

495 Vgl. Haupt/Würffel, Handbuch, S. 151.

496 Vgl. Gö II, S. 27.

497 Vgl. Gö I, S. 161. Herv. H. Mann.

licht ihr das ersehnte „Martyrium“[498], das keine Augenblicke der nüchternen Lebensbetrachtung mehr zulässt[499] und eine vollständige „Hingabe an das Nervöse“[500] - d. h. an die dekadente Kunstwelt - der Dichterin ermöglicht. Sie hat sich für die Sphäre der Kunst entschieden und infolgedessen „hub [ihr Leiden] an, und wo sie erschien, ging es hold von ihr aus wie das Glück eines geliebten Schicksals“[501]. Gleichlaufend wächst ihre künstlerische Begabung: „Im Frühling veröffentlichte man die Verse, die sie ihrer Bekanntschaft mit Orfeo verdankte. Sie hatten einen lauten, schwärmerischen Erfolg bei Frauen und jungen Leuten“[502]. Aus der seelischen Grausamkeit Pisellis wird bald auch körperliche[503] und die Blà ist vollständig von der dekadenten Todessehnsucht ergriffen, „sie zittert[...] vor der Zukunft [dem Tod] und liebt [...] sie“[504]. Ihr dichterisches Talent gelangt nach dem ersten gewalttätigen Übergriff Pisellis zu ungeahnter Höhe: „Und inzwischen nahm ihr Talent eine Entwicklung, der alle ratlos zusahen. Statt der kühlen Anmut ihrer ehemaligen Gedanken dampfte nun ein verzweifelter Geist aus allen ihren Sätzen. Ihre Worte rissen die Sinne des Lesers hin, als fühlte er die Arme einer Frau um seinen Hals, indes die Spitzen ihrer Brüste die Schriftzüge aufs Papier malten“[505]. In vollendeter Prosa beschreibt Heinrich Mann den im Leben vergehenden Künstlertypus, dessen Talent ihn in die Selbstzerstörung führt und weist ihm als Anstifter seines Leidens die „bewusste Seele“ zu, derer er mangels natürlicher Voraussetzungen nicht lange standhalten kann[506]. Und so folgt nach dem künstlerischen Höhepunkt der Blà der rasche Abstieg zu Verfall und Tod. Piselli „verbraucht“ schnell ihre Seele[507] und ihren Körper, den finalen Akt der Zerstörung begeht er durch den Mord an ihr[508]. Bezeichnenderweise sind in dem Paar Contessa

---

498 Vgl. ebd.

499 Vgl. ebd. S. 163.

500 Bahr, Dilettantismus. In: Wunberg, Moderne, S. 231.

501 Gö I, S. 167.

502 Ebd. S. 167 f.

503 In Anlehnung an Nietzsche besucht Orfeo die Blà nur noch mit der „Reitpeitsche“. Vgl. ebd. S. 216.

504 Vgl. ebd. S. 184.

505 Ebd. S. 217.

506 Vgl. Gö I, S. 218 f.

507 Vgl. ebd. S. 245.

508 Vgl. ebd. S. 274.

Blà und Orfeo Piselli - und auch in der im Folgenden zu besprechenden Verbindung Properzia Pontis mit Maurice Mortœil - die traditionellen Geschlechterrollen von dem männlichen Künstler und der weiblichen Inspirationsquelle vertauscht. Sie können in diesem Fall als Hinweis auf die exponierte Veranlagung der Künstlerinnen-Persönlichkeit Violante von Assys gewertet werden, die beide Frauen als abschreckendes Beispiel erachtet und das dekadente Künstlertum zunächst kritisiert und abwertet: „Das gehetzte, fragwürdige, ängstereiche Dasein der Freundin [Blà] gab ihr [Violante] nichts ein als Widerwillen: Mit der Unreinlichkeit eines schlechten [leidenden] Gewissens in der Brust hat sie mich umarmt“[509].

Auf dem Weg zu einem Nachvollzug einer das Leiden entbehrenden Kunst begegnet der Herzogin eine weitere weibliche Künstlerpersönlichkeit, deren äußere Attribute auf eben dieses starke, vitale Künstlertum verweisen: Properzia Ponti. Diese Frau, bezeichnenderweise Bildhauerin, tritt als „schreitender, wuchtender Marmorblock“, als „Herkules“ im weiblichen Körper auf[510]. Doch auch hier wird die Illusion sogleich zerstört, die „mächtige Frau“ ist in Begleitung eines „schmächtigen, feinen“ Mannes, Maurice Mortœil, der „um die Lächerlichkeit vollzumachen, [...] gar nichts von ihr wissen [will]“[511]. Erneut zeigt sich der Zwiespalt eines Menschen, der groß in der Kunstproduktion, jedoch untauglich für eine vitale Lebensgestaltung ist, sodass die Herzogin erneut „Unwillen“ empfinden muss und „eine heiße Verachtung, wie für eine Verwandte, die die Familienehre befleckt hatte“[512]. Die ästhetische Qualität der Kunstwerke Properzias erfüllt Violante jedoch mit „Ehrfurcht“ und weist ihr den Weg gen Venedig und zur Maske der *Minerva*[513]: „Zum allerersten mal fühle ich, was schaffen heißt, das Leben schaffen um sich her...“[514], bekennt sie und definiert ihr Kunstverständnis somit eindeutig in Bezug auf die symbiotische Vereinigung von Kunst und Leben. Die Bildhauerin jedoch produziert Kunst ebenfalls auf Basis von Leid, sie kann nur „unglücklich [...] ein Kunstwerk empfinden“ und vollbringen[515]. Ihr Kunstschaffen wurde ein-

509 Ebd.

510 Vgl. ebd. S. 200 f.

511 Vgl. ebd. S. 201.

512 Vgl. ebd.

513 Vgl. ebd. S. 235.

514 Vgl. ebd.

515 Vgl. ebd. S. 236.

geleitet als Folge des traumatischen Erlebnisses einer Vergewaltigung[516], in deren Bannkreis die Kunst von Properzia als Ausdruck einer „Sünde" ihrerseits interpretiert wird, des „schwarze[n], rauhe[n] Tier[es]", das in ihrem Inneren lauert[517]. Das „wilde Tier" ist erneut zu werten als Inspirationsgeschehen des Künstlers, das ihn stetig zwingt, an seiner Kunst festzuhalten. Properzia empfindet die Inspiration aber als Last, die künstlich wider ihren natürlichen Ausgangszustand gestellt wurde und entspricht mit ihrer Auffassung einer These Wuthenows zur Auswirkung des ästhetizistischen Kunstempfindens. Dieser beschreibt die Tendenz der Entsubjektivierung der Protagonisten der Kunst, sie würden zu „Opfern" und „Erleidenden", „d. h. Objekte eines objektiv geschilderten Vorgangs und Verhängnisses": „Hierin liegt denn auch die Wahrheit, eben in der Objektivität, die dies sichtbar und aus solcher Ohnmacht noch Schönheit macht"[518]. So ist garantiert, dass die Herzogin beim Anblick von Properzias Kunst vollendete, himmelsgleiche Schönheit erblickt[519], Properzia sich aber „tot" fühlt, ob der Künstlichkeit, in die sie der unerreichbare Mortœil drängt[520]. Er versetzt sie damit zurück in die Lage, als Resultat des Leidens Kunst zu produzieren und das Leben zu fliehen. Properzia drängt es mehrmals in Richtung des Lebens, in dem Irrtum, Mortœil verkörpere es, erliegt sie jedoch dem ästhetizistischen Schein und damit der Kunst[521]. Dementsprechend schafft sie im Moment der größten Demütigung durch Mortœil - dessen erneuter Verlobung mit Clelia Dogan - ein vollendetes Kunstwerk von den „Liebenden in der Hölle"[522]. Dem Doppelgänger- und Wiederholungsmotiv der *Göttinnen* folgend, ist der Katalysator dieses Prozesses eine „sein Profil genießende" Variante des Narziss[523], dessen Untaten die Künstlerin als solche vervollkommnen, ihr die Partizipation am Leben jedoch endgültig versa-

---

516 Vgl. Gö II, S. 79 f.

517 Vgl. ebd. S. 81. Die „Sünde", die Properzia begangen zu haben glaubt, gründet in dem Umstand, dass sie nicht, wie ihre Begleiterin an jenem Tag, ihre Jungfräulichkeit mit dem eigenen Leben verteidigt hat und daraufhin vergewaltigt wird.

518 Wuthenow, Muse, S. 87.

519 Vgl. Gö I, S. 235 f.

520 Vgl. Gö II, S. 53.

521 Vgl. ebd. S. 35 und 70.

522 Vgl. ebd. S. 76.

523 Vgl. ebd.

gen. Gleichzeitig offenbart Properzias ultimatives Kunstwerk die Unmöglichkeit des Nachvollzugs der Rache des Künstlers am Leben, den Werner und Emrich thematisieren. Die erste erkennt diese Rache in der scheinhaften Liebe zum Leben, welche ihm das „Entmutigende" nähme[524] und letztere in dem „Stolz des Künstlertums, [...] nie in einem Kunstwerk sich selber preisgegeben [zu] haben"[525]. Die Bildhauerin arbeitet zwar an ihrem letzten Bildnis mit der Motivation einer „Rächerin"[526], doch „ihr Blick war ganz in den Stein vergraben; er holte alle Qualen der Unterwelt daraus hervor, so tief sie sich darin verbargen"[527]. Ihr Werk hat Bekenntnischarakter, in ihm kommt das Leben zum Vorschein, das Properzia selbst verweigert wird, gleichzeitig versteinert sie zunehmend, sodass für die „zufälligen Gäste" ihres Ateliers die Illusion entsteht, der „Marmor selbst [würde] sprechen"[528].

Erneut werden dem Beispiel des leidenden Künstlertums von der Herzogin ambivalente Gefühle entgegengesetzt. „Lächerlich" empfindet sie dessen Lebensuntauglichkeit, „großartig" die Kunst, welche daraus entsteht[529]. Mortœils „Verdienst" als Initiator „eine[r] ganze[n] Reihe von Bildern der verzweifelten Leidenschaft"[530] erkennt sie mit ästhetizistisch-neutralem Gemüt und ohne moralische Bedenken an. So entgeht ihr das Unglück der Bildhauerin, ihr Selbstmord „ent-täuscht" Violante[531]. Sie erachtet ihn als Folge der menschlichen Begierden und Versuchungen, die zur hässlichen Bedrohung[532] der Künstlerexistenz werden, wenn diese sich der geschlechtlichen Liebe hingibt: „Wir folgten [den Begierden], berückt und lächelnd. Nun sind sie, wie zum Scherz, in ein offenes Grab hineingeflogen. Wir stehen davor, wir fassen es nicht"[533]. Vio-

524 Vgl. Werner, Cultur, S. 99.

525 Vgl. Emrich, Macht und Geist, S. 89. Diese Theorie leitet Emrich von Nietzsches Konzeption des *Zarathustra* ab.

526 Vgl. Gö II, S. 76.

527 Ebd. S. 77.

528 Vgl. ebd. S. 85.

529 Vgl. ebd. S. 54.

530 Vgl. ebd. S. 85.

531 Zugleich verweist die Herzogin vorhersagend auf Properzias Schicksal. Vgl. die als Prolepse zu wertende Textpassage in ebd. S. 23.

532 Im Text ausgedrückt mit der Metapher der „reizenden Insekten". Vgl. ebd.

533 Ebd.

lante ist diejenige, die an der Schwelle des Grabes steht und sich nicht hinein locken lässt, da ihr, im Gegensatz zu Properzia, der Unterschied zwischen weltlichem und künstlichem Schein bewusst ist. Die Bildhauerin ist nur äußerlich stark, ihre psychische Konstitution entspricht jedoch der des lebensschwachen *Décadent*, den seine Unzulänglichkeiten in Todessehnsucht treiben. Sie durchlebt die Zerrissenheit des modernen Individuums, die Hofmannsthal am Beispiel der „modernen Liebe" verdeutlicht: „Fühlen, wie die eine Hälfte unseres Ich die andere mitleidlos niederzerrt, den ganzen Hass zweier Individuen, die sich nicht verstehen, in sich tragen, das führt [...] schließlich zur Erkenntnis eines Kampfes aller gegen alle: keine Verständigung [ist] möglich zwischen Menschen, kein Gespräch, kein Zusammenhang zwischen heute und gestern"[534]. Properzias Ich taumelt haltlos zwischen Kunst und Liebe bzw. Leben, denn keine der beiden Sphären bietet Sicherheit, sie werden stets von ihrem Gegenpol bedroht. Vereinigung glaubt die Bildhauerin schließlich nur im Tod zu finden und greift damit die beherrschende Thematik des *Fin de Siècle* auf, die über alles individuelle Handeln und Erleben das Bewusstsein der Endlichkeit stellt, was in der Unfähigkeit mündet, „menschliche Probleme so zu lösen, dass nicht Tod, Zerstörung und Untergang die Folgen sind"[535]. Was zurückbleibt ist Properzias Hand, „sie lag, in Gips gegossen, auf amarantenem Samt [...], die kunstreiche und hilflose, die starke und dennoch abgehauene"[536], Sinnbild der Vergänglichkeit des künstlerischen Menschen und zugleich Ausdruck des Ewigkeitscharakters eines Kunstwerkes, Symbol für die „Notwendigkeit, der *Wirklichkeit* den *Schein* gegenüberzustellen"[537].

3.2.2 Lady Olympia: Vertreterin des ignoranten Lebens

Die sterile Kunstwelt des Palastes der Herzogin von Assy, die sich wie ein Bollwerk gegen die Wirklichkeit stemmt, bleibt von letzterer jedoch nicht gänzlich „verschont". „Leben" wird ihr eingehaucht in Gestalt einer von Sinnlichkeit und Unbefangenheit durchdrungenen

---

534 Hofmannsthal, Hugo von: *Zur Physiologie der modernen Liebe.* Gekürzt in: Wunberg, Moderne, S. 318 ff. Im Folgenden: Hofmannsthal, Physiologie.

535 Vgl. Haupt/Würffel, Handbuch, S. 348.

536 Gö II, S. 94 f.

537 Vgl. Mach, Vorbemerkungen. In: Wunberg, Moderne, S. 139. Herv. Mach.

„großen blonden Frau“[538], die an Nietzsches Konzeption der „blonden Bestie“[539] erinnert. Die Engländerin Lady Olympia Ragg verkörpert in Vollendung säkularisierte Weiblichkeit, die das Leben unreflektiert und deswegen glücklich entgegennimmt[540]. Ihre Physis ist ein Ideal der Vitalität, welche dem vergeistigten blutleeren Weiblichkeitskonzept der Künstlichkeit diametral gegenübergestellt wird, sie erscheint „üppig und gelassen“, „das gesunde Fleischrot ihres Gesichts durchbr[icht] den Puder“, „es löste sich von ihrer Erscheinung [...] eine ganze Wolke gleichmütiger Herausforderungen“[541]. Gelassenheit und Gleichmut bedingen Lady Olympias Gesundheit, im Gegensatz zu der Herzogin von Assy sind diese Charaktereigenschaften jedoch auf eine naive Weltsicht zurückzuführen. Die Engländerin ignoriert ihr Seelenleben und das ihrer Mitmenschen aus Gründen der Ignoranz und des Hedonismus, was sie die pure Diesseitigkeit fühlen lässt. Emrich führt sie folgerichtig als Vergegenwärtigung eines spezifischen Lebensphilosophems Nietzsches an, sie erkennt in ihrer Verehrung durch den „Analytiker und Moralisten“ Siebelind die „hymnische Verehrung Nietzsches für das unreflektierte Leben“[542]. Lady Olympia bleibt völlig unbeeindruckt von der künstlichen Perfektion im Saal der *Minerva*, sie charakterisiert sich zwar als „Ästhetin“[543], ist es aber nicht im Sinn des ästhetizistischen Kunstverständnisses. Ihr Kunstempfinden richtet sich nach Gesichtspunkten der zierenden Optik, die Schönheit interpretiert sie als Liebesversprechen, denn sie „versteh[t] keine Kunst ohne Liebe“[544]. Somit wertet sie das Inspirationsgeschehen nur als Vorstufe der Sinnlichkeitserfahrung: „An Bildern finde ich viel Geschmack, und sie beleben sich mir, - sobald ein Mann mich in Stimmung versetzt. Das ist ganz unerlässlich“[545]. Unter dem Blickwinkel Lady Olympias wird der Kunst die ursprüngliche mimetische Funktion zugewiesen, von der sie der Ästhetizismus freisprechen

538 Vgl. Gö II, S. 21.

539 Vgl. Nietzsche, Genealogie, S. 30.

540 In der griechischen und römischen Mythologie ist „Olympia“ Beiname mehrerer Göttinnen, bezeichnenderweise auch der Gäa, Göttin der *Welt. Olympia.* Artikel in: Wörterbuch der Mythologie.

541 Vgl. Gö II, S. 21.

542 Vgl. Emrich, Macht und Geist, S. 85 f.

543 Vgl. Gö II, S. 23.

544 Vgl. ebd. S. 107.

545 Ebd.

will. In ihrer unbewussten Sicht auf Kunst und Leben formuliert die englische Adlige dann auch beiläufig die Schwachstelle der autonomen Kunst: „Oh, für mich sind die schönen Sachen nur Versprechungen", entgegnet sie im Angesicht der vollendeten Kunst Jakobus, den sie mit dieser Aussage in seinem Inneren tief erschüttert[546]. Lady Olympia prophezeit, dass der künstliche Schein die menschlichen Bedürfnisse nicht auf Dauer befriedigen wird[547], dass das Festhalten an der absoluten Kunst die Entbehrung des Lebens nur zeitweise kompensiert, wovon selbst die scheinbar übernatürlich starke Violante nicht unberührt bleiben wird. Mit einem „überlegenen" Lächeln verheißt die Lady ihr: „Übrigens werden sie sich bekehren"[548], und meint damit die Hinwendung zum Leben in Form von geschlechtlicher Liebe. Überlegen ist Lady Olympia auch, weil sie in der Sphäre des unbedachten Lebens das „Verbrechen" begehen kann, Liebe entgegenzunehmen, sie zu genießen und dann wieder zu vergessen[549]. Das, was die Künstlerinnen Ponti und Blà vernichtete ist Lebensinhalt der Frau, „die nur aus Fleisch [ist]"[550]. Properzias Urteil über Lady Olympia kann somit synonym als Urteil des zu Passivität verurteilten zuschauenden Künstlers über das Leben gelesen werden: „Wie muss man sie hassen und fürchten - und vielleicht auch lieben?"[551]. Folgerichtig erliegt Jakobus Halm den Reizen der Engländerin und versucht, „diese ganzen Wände, [die] voll sind von seiner Kunst, mit ihr „durchzuschwelgen"[552], d. h. der Künstlichkeit wirkliches Leben einzuhauchen. Das gelingt ihm jedoch nicht und er verweigert einen weiteren Zugriff des Lebens durch Lady Olympia[553], wird von dessen Eindruck aber fortan nicht mehr losgelassen[554]. Gleichermaßen „verrät" der misanthropische

---

546 Vgl. ebd. S. 22.

547 Vgl. ebd. S. 25: „Die Kunstwerke, erwiderte Lady Olympia, haben höchstens den bunten Staub auf den Flügeln, aber es fehlen ihnen die anderen erfreulichen Eigenschaften, an denen ich hänge".

548 Ebd. S. 23.

549 Vgl. ebd. S. 61.

550 Vgl. ebd. S. 25.

551 Ebd. S. 62 f.

552 Vgl. ebd. S. 73.

553 Vgl. ebd. S. 135.

554 Emrich spricht von unzähligen Versuchen, das „sich selbst wollende Leben" auf die Leinwand zu bannen. Vgl. Emrich, Macht und Geist, S. 87.

Zyniker Siebelind seine Kunst des gnadenlosen Urteilens, als dieselbe Frau ihm ihre Gunst in Aussicht stellt und erlebt das Bedürfnis „sich einmal im Leben zu täuschen, rosig zu sehen, zu glauben, zu feiern und preisen“[555]. Nietzsche paraphrasierend ruft er freudig aus: „Die Glücklichen haben keinen Geist, sie pfeifen drauf“[556]. Infolgedessen kommt es zu einem sinnträchtigen Dialog zwischen Siebelind und der Herzogin, der seine Abkehr von dem asketisch-analytischen Dasein zugunsten der lebendigen Liebe thematisiert: „Nun, ich meine, früher wollten Sie die wahre Liebe, wie die wahre Kunst, unsinnlich, formenlos mystisch“[557], erinnert sich die Herzogin. Siebelind tut dies als „Unsinn“ ab, woraufhin sie resümiert: „Sie glaubten daran. Aber Lady Olympias Formen waren stärker. Sie sind in Ihre Asketensinne eingebrochen und haben Ihren primitiven Garten aus Lilien und Majoran jämmerlich zerstampft“[558]. Violante urteilt Siebelind in ästhetizistischer Manier ab, sein „Garten“ wäre ein natürlicher und daher „primitiv“, wodurch das banale Leben ihn problemlos vereinnahmen könne. Der vollendete Ästhet aber wohne in einem „künstlichen Garten“, welcher „natürlich leblos“ sei und das Leben ausschließe[559]. So artet Siebelinds Verehrung der Lady Olympia in ein groteskes Schauspiel aus, infolgedessen das Leben, bzw. die Engländerin sich wieder von ihm abwendet und erklärt, dass er weder eine Symbiose von Kunst und Leben, noch ein Verweilen in der nicht für ihn bestimmten Sphäre erreichen kann[560]. Geläutert von der Zurückweisung der frivolen Frau besinnt sich Siebelind auf sein Schicksal und in ihm wird ein weiteres Mal auf den leidenden künstlerischen Geist Bezug genommen: „Das Leiden ist die einzige Hoheit für menschliche Stirnen“[561]. Lady Olympia dagegen verlässt zu keiner Zeit ihre Sphäre des Lebens, zu viel „Vergnügen“ findet sie in der Wirklichkeit gegen deren Schwachstelle - sich im Vergnügen selbst zu verlieren - sie ein adäquates Mittel gefunden hat, nämlich „zur rechten Zeit ab[zu]brechen“[562].

---

555 Vgl. Gö II, S. 129 ff.

556 Ebd. S. 197.

557 Ebd. S. 198.

558 Ebd. S. 198 f.

559 Vgl. ebd. Das Motiv des „künstlichen Gartens“ ist Gegenstand dieser Untersuchung in Kapitel 3.3.2.

560 Vgl. Gö II, S. 208 f.

561 Ebd. S. 216.

562 Vgl. Gö III, S. 112.

3.3 Rückbesinnung auf das Dagewesene: Violante von Assy als „Renaissancefrau" – Ein Brückenschlag zwischen Kunst und Leben?

„Epochenmüdigkeit" und das Gefühl des „Zu-Ende-Gehens"[563] begünstigen die Entfremdung der Kunst vom Leben, die durch das „Untergangsunternehmen" *Fin de Siècle* vor die Herausforderung gestellt wird, „den eigenen Untergang, den imaginierten oder wirklich empfundenen, so subtil und differenziert wie möglich darzustellen"[564]. Haupt/Würffel erkennen die reaktionäre Herausbildung einer „Untergangsästhetik" in der zeitgenössischen Literatur, die den Untergang des Jahrhunderts „lustvoll" beschreiben würde[565]. Der Verweis auf das Lustprinzip nimmt die allgegenwärtige Thematisierung des Eros auf, die „Flucht ins Amouröse als Flucht aus dem Fin-de-Siècle-Dasein"[566], welche in der Literatur mit der Todessymbolik zu der Darstellung einer totalen Ausweglosigkeit in Kunst *und* Leben verbunden wird. Zum ausdrücklichen Leitmotiv werden dabei die aus der französischen *Décadence* und *Schwarzen Romantik* entnommenen Frauenbilder, die zugleich Wunsch- und Schreckbild verkörpern[567] und die Verschmelzung von Eros und Thanatos apotheotisch verklären.

Die weiblichen Rollenbilder der *Göttinnen* folgen dieser Tradition und reichen von der todgeweihten *femme fragile*, über die aus dem Leid schöpfende Künstlerin, bis zu der noch zur Diskussion stehenden verderbenbringenden *femme fatale*. Ebenso vervollständigen die Randmotive der kriegerischen Amazone, göttlich-heiligen Jungfrau und kindlich-verführerischen Hexe die Darstellung des durchgängigen Letalfaktors. Konzeptionelle Ausnahme dieser Thematik bildet die Kernphase der *Minerva*-Verwandlung der Herzogin von Assy[568], in der sie die Maske einer „historischen Heroinenfigur der

---

563 Vgl. Fähnders, Moderne, S. 95.

564 Vgl. Haupt/Würffel, Handbuch, S. 352.

565 Vgl. ebd.

566 Vgl. ebd.

567 Vgl. Lorenz, Moderne, S. 147.

568 Diese Phase reicht nach Ansicht der Verfasserin von der Szene, in der Violante „in den Schutz der Pallas [tritt]" bis zu ihrem Bekenntnis, sie sei in „der Brandung des weihelosen Volkes verloren". Vgl. Gö I, S. 258 und Gö II, S. 180.

Renaissance"[569] anlegt und damit ihrem freien aber orientierungslosen *l'art pour l'art*-Bewusstsein einen adäquaten Zufluchtsort bietet. Diese rückwärts gewandte, dem modernen Fortschritts- und Geschwindigkeitsstreben gegenläufige künstlerische und ideologische Ausrichtung entspricht dem Renaissance-Kult der Jahrhundertwende, der ein Zeitalter glorifizieren wollte, welches „das zu enthalten sch[ien], was dem [eigenen] fehlte: Vitalität, Macht, Glück, ein sinnliches Dasein, `wirkliche Wirklichkeit´ (A. Stifter), `Leben´ also - und wenn es schon nicht in die wirkliche Renaissance zurückging, dann [spielten] Manns *Die Göttinnen* Romane [...] in der Zeit des Renaissancismus [...] im Jahre 1876"[570]. Violante von Assy vollzieht damit als Renaissancefrau im wörtlichen Sinn den Versuch einer Wiedergeburt des kreativen *und* vitalen Menschen, der die Kunst durch Kraft zu neuem *Leben* erweckt[571]. Ausgestattet mit den mythologischen Attributen der Göttin *Minerva*, die, mutterlos geboren, in allem wirkt, „was die `wahrhaft edle´ Gestaltung menschlichen Lebens begründet"[572], bezeugt die Herzogin die Stilisierung der Kunst zum Heros. Basierend auf dem Heilsversprechen der Überzeitlichkeit und Dauerhaftigkeit soll das Leben in der Kunst versöhnt sowie stabilisiert werden: „Über der Kunst wacht die Kraft. Die Kunst ist nie verloren"[573]. In der Rolle der Minerva glaubt die Herzogin von Assy, den tödlichen Kreislauf durchbrochen und eine Brücke zwischen Kunst und Leben gebildet zu haben: Es ist die lebensspendende Hand des vollkommenen Künstlers, der von allen Zwängen des Lebens befreit scheint und infolgedessen Kunst schafft, die lebendiger scheint als das Leben selbst. Von allen Unzulänglichkeiten erlöst, kompensiert das künstliche Leben den Wirklichkeitsverlust durch das Ewigkeitsversprechen der Trias von Schönheit, Stärke und Schein. Dieses formuliert Manns Protagonistin nach dem Tod Properzia Pontis in ästhetisch weihevollem und doch distanziertem Pathos: „Wie könntest du tot sein, da ich ja deine Hand fortwährend in meinen Geist hineingreifen fühle. Sie stellt immer neue Bilder

569 Vgl. Lorenz, Moderne, S. 149.

570 Haupt/Würffel, Handbuch, S. 359.

571 Vgl. Gö II, S. 53.

572 Vgl. *Minerva.* Artikel in: Wörterbuch der Mythologie. Im Roman wird einzig der „weltliche" Vater der Herzogin von Assy thematisiert, die Mutter ist nicht bekannt und es entsteht der Eindruck übermenschlicher mythologischer Geburt. Vgl. Gö I, S. 18 und 22 f.

573 Gö II, S. 53.

darin auf. Er enthält weite Länder, die du bevölkert hast mit deinen Halbgöttern, verschlossen, langsam, stark und ohne Lachen [...]. Zum allerersten Male fühle ich, was schaffen heißt, das Leben schaffen um sich her..."[574]. Hilmes erkennt in der *Minerva*-Rolle der Herzogin von Assy eine mögliche dritte Position des nietzscheanischen Künstlertypus, die des apollinisch-dionysischen „Rausch- und Traumkünstlers"[575]. Dieser ermögliche es, den „verführerischen Schönheitsschleier der Kunst" über das Leben zu legen, ohne „auf die sokratische Lust des Erkennens und de[n] Wahn durch dasselbe, die ewigen Wunden des Daseins heilen zu können zu verzichten"[576]. Auf diese Weise entstehe ein „ästhetisch-praktischer Pessimismus", welcher den „metaphorischen Trost" biete, „dass unter dem Wirbel der Erscheinungen das ewige Leben unzerstörbar weiterfließ[e]"[577]. Folgerichtig übernimmt Violante die Gestalt einer Statue an, als sie von der Fülle und Stärke ihrer Ahnenkette niedergedrückt wird, in Form eines ewig scheinenden Kunstwerks glaubt sie, genauso „üppig" und „gewaltsam", „verschwenderisch" wie „unbedenklich" das Leben zu beginnen[578]. Ein üppiges Märchenreich entfaltet sich in dieser Szene über die sich anschließende Farbsymbolik[579], während der die Protagonistin - ein weiteres Mal ihrer Gegenwart enthoben - zur Zuschauerin der glorreichen Vergangenheit ihrer Vorfahren wird. Sie wandelt im Reich des Condottiere der Republik Venedig, Sansone von Assy, das durchdrungen ist von „Gold", „Märchenperlen", „Purpurkleidern", „pfauenbunten" und „scharlachfarbenen" Gewändern der Frauen „Diademen in flockigen Goldhaaren" unter dem „brennenden Blau" des Himmels[580]. In den schillernden Farben eines Renaissance-Gemäldes atmet jede Einzelheit dieser Schilderungen Leben, wie es sich die Herzogin gewünscht hat. Und diesmal hält sie dem Vergleich mit den Vorfahren stand, fühlt nicht mehr ihre Zerbrechlichkeit im Verhältnis zu deren übermächtiger

---

574 Ebd. S. 94

575 Vgl. Hilmes, femme fatale, S. 210 und Nietzsche, Tragödie, S. 26 f.

576 Vgl. ebd. S. 210.

577 Vgl. ebd.

578 Vgl. Gö II, S. 96.

579 Auf dieses wird unter Verwendung der Begriffe „Dornenhecke" und „Feenschloss" explizit verwiesen. Vgl. ebd.

580 Vgl. ebd. S. 97.

Stärke, sondern Anerkennen und Ebenbürtigkeit[581]. Mit Hilfe der Verwandlung in ein Kunstwerk hat die Herzogin ein Mittel gefunden, Eros und Thanatos zeitweise aus ihrem Dasein auszugrenzen, womit die Vergänglichkeitsangst in Bezug auf Kunst *und* Leben im Bild gebannt wird. Gemäß Hilmes Interpretation holt sie „die Träume aus sich selbst"[582], sie wird zum Sprachrohr einer lebendigen Künstlichkeit: „Ich bin eine eurer Statuen, die heute plötzlich die Augen aufschlägt und alles versteht, was nur ihr verstandet. [...] Ihr habt meine Glieder ganz angefüllt mit eurem mächtigen Leben! Ich fühle ja, wie ich selbst unerschöpflich hinüberströme in alles, was ich sehe"[583]. Sieben Jahre lang verweilt Violante in der passiv-ästhetischen Position der „Unbewegten, Schauenden" und wacht über den „keuschen Glanz" der Welt[584]. Metaphorisch verdichtet wird die zwecklose Schönheit ihres Lebens in Kunst durch Jakobus Halm, der in seiner vollkommen unkindlichen, puppenhaften Tochter die personifizierte „Frucht" der Künstlichkeit sieht: „Ist es nicht das Kind dieser sieben Jahre? Ich meine, insofern es etwas künstlich ist und luftdicht abgeschlossen, insofern es in sich selbst ruht, zwecklos und ohne viel Ansprüche an die Zukunft"[585]. Diese Assoziation aber verwundert die Herzogin, die insistiert: „Aber es ist nicht von mir"[586]. In der versteckten Anspielung auf die ewige Kinderlosigkeit Violantes und Jakobus offensichtlicher Charakterisierung des künstlichen Erbes der beiden als „zukunftslos" offenbart sich die Problematik der ästhetizistischen Kunstwelt. Die überzeitliche, sich selbst genügende Künstlerexistenz führt aufgrund steter Reflexion zu Isolation und Ernüchterung[587], was den allgegenwärtigen *Ennui* total werden lässt. Die zusätzliche Ausrichtung auf vergangene idealisierte Zeiten verhindert das Werden der Zukunft, weswegen Haupt/Würffel zugestimmt werden muss, die in dem Renaissance-Kult, „Kehrseite der Fin-de-Siècle-Stimmung", einen unfreiwilligen Ausdruck des Gegenteils dessen, was er zu

---

581 Violante erkennt: „ Sie konnte in dem antiken Festzuge, wo er selber [Sansone von Assy] Mars war, mit Helm und Speer als Pallas Athene gehen". Ebd. S. 99.

582 Vgl. Hilmes, femme fatale, S. 212.

583 Gö II, S. 102.

584 Vgl. ebd. S. 105 f.

585 Ebd. S. 199.

586 Ebd.

587 Vgl. hierzu auch Koopmann, Entgrenzung, S. 83.

verkörpern suchte, erkennen. Die Wiederbelebung einer starken, vitalen und mächtigen Epoche zeigte demnach umso deutlicher die Brüchigkeit der eigenen Zeit[588]. So ist es auch bezeichnend, dass der Zeitabschnitt der Spätrenaissance Inspirationsquelle der Künstler wurde, eine Zeit, in der „Machtmenschen am Rande ihres eigenen Untergangs" standen[589] und damit das selbe Spätzeitgefühl erfuhren, das auch die eigene Gegenwart bedrückte. In den *Göttinnen* gesellen sich zu dem „grellen Glanze" der „purpurfarbenen" Welt dann auch „graue Nebelfiguren, Rauchsäulen auf der Trümmerstätte eines verbrannten Tages", die Nietzsches Proklamation der „Abendröte der Kunst" literarisch versinnbildlichen[590]. Ritter-Santini beschreibt diesbezüglich die literarische Funktion der Spätrenaissance, die schon im Zusammenhang mit der Ästhetizismus-Theorie als Duktus des „vorweggenommenen Erinnerns" definiert wurde: „Diese ausgeliehenen Väter, Ahnen und Vorbilder werden literarisch in einer Phase dargestellt, in der ungebrochene Tatkraft, `ruchlose´ Vermessenheit, fürstliches Herrschen, die sie ruhmreich machten, schon Erinnerung sind. Sie leihen ihre historische Autorität in der letztmöglichen Phase, der ihres Sterbens"[591]. Tatsächlich ist auch die ästhetizistische Hochphase der Herzogin von Assy durchwoben von Zeichen des Todes. Die scheinbare Symbiose von Kunst und Leben auf der Konstitution des Scheins führt zu einer Erstarrung beider Elemente, zum „Scheintod". Folgerichtig bemerkt Lorenz, dass die „phantastischen Visionen [...], die in das Bild der Renaissancefrauen hineinprojiziert werden, [...] meist dem überlieferten Schema von >femme fatale< und >femme fragile< [gehorchen]", also ebenso den Letalfaktor in sich tragen[592]. Darüberhinaus seien die zusätzlichen Merkmale der „aus dem antiken Mythos entlehnten weiblichen Figuren" - im Fall der Violante von Assy die Eigenschaften der Göttinnen - Ausdruck der Gestaltung von „dissoziierten Persönlichkeiten"[593]. Somit drücken Weiblichkeitsbilder wie sie die Herzogin als *Minerva* verkörpert, genau das Zerrissenheitsge-

---

588 Vgl. Haupt/Würffel, Handbuch, S. 359.

589 Vgl. ebd.

590 Vgl. Gö I, S. 106 und Nietzsche in Wuthenow, Muse, S. 44.

591 Ritter-Santini, Lea: „Maniera Grande. Über italienische Renaissance und deutsche Jahrhundertwende". In: Bauer, Fin de Siècle, S. 170-193, S. 178. Im Folgenden: Ritter-Santini, Maniera Grande.

592 Vgl. Lorenz, Moderne, S. 149 f.

593 Vgl. ebd.

fühl der Jahrhundertwende aus, das sie eigentlich kompensieren sollten. Das Gefühl der Erhabenheit und Überhöhung, welches die Kunst auslöst, ist stetig bedroht von den Faktoren des Tödlichen und des Erotischen: „Im Kunstkabinett, am Rande der *toten* Lagune, und *nur durch eine Tür getrennt* vom Saal der *Venus*, unterhielt man sich von *Liebe*"[594]. Violante stimmt während dieses Gesprächs Jakobus zu, seine Meinung zur Liebe wird an dieser Stelle zwar nicht erläutert, zuvor wurde aber deutlich gemacht, dass den Künstler und seine Gönnerin die unschuldige Liebe zu der vollkommenen Kunst verbindet[595]. Hilmes spricht diesbezüglich von den mythologischen Eigenschaften der „Venus Anadyomene", welche in der Herzogin die „Vision idealer Liebe" konstituieren[596]. Sie bemerkt jedoch auch, dass die künstlerische Inszenierung ihres Lebens nicht ausreicht, um den Nachvollzug der Wirklichkeit zu garantieren, wodurch „in mehrfacher Hinsicht [...] ihre Initiation in die [erotische] Liebe durch die Kunst [erfolgt]"[597]. Noch bevor diese Verwandlung geschieht, deuten die scheinbar lebendigen Kunstwerke im Saal der Minerva die Problematik eines Lebens in vollkommener Künstlichkeit an. Die Statuen, die der oben erwähnten Diskussion „lauschten", offenbaren ihre „Seele [...] unschuldig und voll Verlangen. Erstarrt trotzten auf ihren hellen Stirnen die Taten, die sie nicht hatten vollbringen können"[598]. Isolation, Teilnahmslosigkeit, Passivität und das Verlangen nach Partizipation am wirklichen Leben sind die Folgen ästhetizistischer Lebensgestaltung. Diese schützt die Herzogin somit nicht vor der Untergangsstimmung ihrer Zeit, was ausgedrückt wird in unzähligen tödlichen Zeichen. Sie erreicht zwar die imaginäre Ebenbürtigkeit gegenüber ihren übermächtigen Ahnen[599], doch was zurückbleibt ist die Zerstörung des Scheins in der Gegenwart: „Aber alle, die so toll, lüstern und phantastisch dahinschwirrten, jedem Kitzel nach und jeder Chimäre - sie vergingen und zersprühten endlich, gleich dem Funkenregen des Feuerwerks am Ende aller Feste. Nichts blieb ihnen übrig; sie hatten alles verbraucht; das letzte Geld, die letzte Kraft, die letzte Laune

594 Gö II, S. 57. Herv. d. Verf.

595 Vgl. ebd. S. 50 f.

596 Vgl. Hilmes, femme fatale, S. 196. Vgl. auch die Selbstcharakterisierung der Herzogin als „Madonna". Gö II, S. 105.

597 Vgl. Hilmes, femme fatale, S. 196.

598 Vgl. Gö II, S. 57.

599 Vgl. ebd. S. 99.

und die letzte Liebe“[600]. Es bleibt nichts mehr zu tun, alles ist schon vollbracht und die ästhetizistische Erinnerung an die Vergangenheit ist nur das „Festhalten am Leblosen“[601]. Violantes eigene Verwandlung in ein Kunstwerk, ein Bild, das den Maler Jakobus nicht mehr loslässt, ist somit zweifach letal konnotiert. Nicht allein das äußere Leben erstirbt am Vorbild einer untergegangenen Epoche, sondern die in ein Objekt verwandelte Frau wird selbst zum tödlichen Zeichen, denn dem Zelebrieren des weiblichen Bildes liegt eine Glorifizierung des Todes zugrunde[602]. Bronfen führt diesen Gedanken weiter aus: „Weiblichkeit und Tod sind *nur* als Bilder vorstellbar, im gleichen Zuge, da sie sich auf die reale Kluft beziehen, die allen imaginären und symbolischen Beziehungen zugrunde liegt und nur stückweise erkennbar ist“[603]. Das bedeutet für die künstliche Lebenserfahrung der Herzogin von Assy die Erkenntnis, nur temporär in diesem Zustand verweilen zu können, um nicht vorzeitig dem Tod anheimzufallen. Schon entwickelt die venezianische Lagune ihren tödlichen Zauber, Vorboten des Siechtums - in Form von „sommerlicher Fäulnis“[604], Wolken, die sich „verfinstern“ und dem zunehmenden Farbverlust[605] - legen sich wie ein Schleier um die Stadt und enthüllen die grausame Seite der Schönheit. Beim Anschauen eines Portraits ihrer selbst erfährt die Herzogin „nun erst von ihm, dass sie soeben einen Schmerz durchgemacht habe“, der von „leidenschaftlicher Schwermut“ ausgelöst wurde[606]. Bedeutungstragendes Symbol dieser Szene ist die kleine Linda, Tochter des Jakobus, die dieser zusammen mit der Herzogin in dem Bild festgehalten hat. Das Kind, das beide schon zuvor als „Frucht“ ihrer sieben Jahre in Kunst thematisierten, verkörpert in jenem Moment den ästhetizistischen „Geist“ der Kunst, den die Herzogin in einem Gefühl der Liebessehnsucht an sich reißt. Sie erwartet von ihm die gleiche Bezeugung der Zuneigung und Ergebenheit, die sie in dem

---

600 Ebd. S. 101.

601 Vgl. Wuthenow, Muse, S. 100.

602 Vgl. von Braun, Kunstkörper, S. 11. Vgl. auch Bronfen, die „in gewissem Sinn […] jedes Bild [als] Tod des repräsentierten Objekts“ erkennt, „denn es bezeichnet, zumindest implizit, daß etwas nicht als real, sondern als Bild gedacht oder erkannt wurde“. Bronfen, Weiblichkeit, S. 45.

603 Bronfen, Weiblichkeit, S. 375. Herv. d. Verf.

604 Vgl. Gö II, S. 145.

605 Vgl. ebd. S. 191.

606 Vgl. ebd. S. 166.

Freiheitskämpfer San Bacco - Relikt der Vergangenheit - und dem Knaben Nino - Vorbote der dekadenten Zukunft[607] - findet, doch der Geist in Form des Kindes reagiert „verständnislos und kalt", er bleibt das „unbewegte, künstliche Geschöpf aus Silber und Perlmutter"[608]. Die ästhetizistische Oberflächenkultur enthüllt der Herzogin, dass ihre Schönheit nicht auf Wahrheit gegründet wurde, dass sie zuvor lockt, jedoch keine Tröstung, d. h. keine Befriedigung menschlicher Bedürfnisse wie der Liebe, leistet. Wuthenow bezeichnet diese ästhetizistische „Ent-täuschung" als Erkenntnis der „Wahrheit", dass „keine Wahrheit mehr auszusprechen ist"[609]. Konfrontiert damit, reagiert die Herzogin äußerlich ungerührt, sie ignoriert den Schmerz, richtet ihr Dasein aber schon auf die Vorbereitung ihrer nächsten Verwandlung: „Früher nannte man mich eine politische Abenteurerin, jetzt eine Kunstschwärmerin - und wie ich später noch heißen werde, das wissen weder Sie [Jakobus] noch ich [...]. Ich *lebe* einfach, und alles kommt, wie es muß"[610]. Die Betonung der Tätigkeit „leben" verweist auf die Abkehr von der Kunst zugunsten einer weltlich orientierten Existenz. Wenig später bekundet Violante, dass sie der Kunst nichts schulde: „Wenn die Kunst mich langweilt, gehe ich meiner Wege"[611]. Der Blick auf die Pallas erfüllt sie nur noch mit Beklemmung und sie sehnt sich nach einer neuen Freiheit[612].

Insgesamt kann somit festgehalten werden, dass die ästhetizistische Lebensart der Herzogin von Assy, die sich in ihrer Gestaltung als Renaissancefrau niederschlägt, keine wahrhafte Vereinigung von Kunst und Leben ermöglicht. Die Hingabe an eine scheinbehaftete Künstlichkeit, die Kunstwerke lebendiger als Menschen erscheinen lässt, bildet zwar ideales Leben ab, führt aber zu einer Mortifikation des Betrachters, der sich der Vollkommenheit des Bildes zu nähern versucht. Die Isolation von allem Lebendigen vernichtet den Sublimationseffekt der Kunst, wo kein Leben mehr ist, kann er nicht mehr wirken. Hilmes erkennt folgerichtig die „Problematisierung der Wahrnehmungsweisen" als ein vordergründiges Thema der *Göttinnen* an, durch die „eine spezifisch moderne Erfahrung mar-

---

607 Vgl. Gö II, S. 218.

608 Vgl. ebd. S. 166 f.

609 Vgl. Wuthenow, Muse, S. 58 und 61.

610 Gö II, S. 167. Herv. H. Mann.

611 Ebd. S. 206.

612 Vgl. ebd. S. 207.

kiert [werde], der Verlust der Authentizität"[613]. Der künstliche Schein kann letztere nur zeitweise überdecken, danach wird seine Substanzlosigkeit sichtbar. Unter ästhetizistischer „Herrschaft" wird der Letalfaktor im Bereich des Lebens verstärkt, aber die Kunst hat als Zufluchtsort nichts „Tröstliches", sie ist „hochmütig" und „kühl"[614], diese Erfahrung bedingt die nächste Metamorphose der Protagonistin. Als *Venus* will sie ein dem Leben zugewandtes Ideal verkörpern, wobei in dieser Phase *Leben* mit *Liebe* gleichgesetzt wird.

3.3.1 Ästhetizistisches Scheitern: Die „Hysterische Renaissance"

Die Herzogin von Assy ist, wie bereits angesprochen, aufgrund ihres konstant wechselnden Rollenspiels unfähig zu wirklicher Beurteilung und Reflexion der einzelnen modernen „Seelenstände", die sie wiederspiegelt. In Bezug auf die Problematik des Ästhetizismus übernimmt an dieser Stelle der Künstler Jakobus Halm die Funktion einer Auseinandersetzung mit der nach der *l´art pour l´art*-Maxime gestalteten Lebensweise. Der Maler bildet Violante hundertfach ab, erreicht sein eigentliches Ziel, die Darstellung seiner Inspirationsquelle als *Venus*, nicht und wird zunehmend von Selbstzweifeln und Unzufriedenheit geplagt. Jakobus versucht, sich der Schönheit in Gestalt Violantes rational zu nähern. Er will sie in ihrer Vollendung abbilden, muss sich selbst und ihr jedoch eingestehen, dass es ein „Irrtum" war, „sie nicht zu lieben"[615]. Von diesem Augenblick an wird die „Schönheit zur Qual, da sie ihr Liebesversprechen nie einlösen wird und dabei mitleidlos bleibt"[616]. Für Jakobus bedeutet das, dass Violantes scheinbare Idealität den hohen Grad der Entmenschlichung nicht mehr überdecken kann: „Seit ich sie in Rom kennenlernte, ist sie immer fremder und unzugänglicher geworden [...]. Ihre Schönheit ist reifer geworden und dabei kühler und hat sich beruhigt. Sie ist nun ganz die Pallas, [...] ja bloß noch Göttin. In Rom war sie menschlicher"[617]. Die „Ent-täuschung" des Künstlers kulminiert in dem Eingeständnis seines Scheiterns: „Ich leugne es nicht. Ich bin schwach geworden, seit ich zu nahe bei ih-

613 Vgl. Hilmes, femme fatale, S. 242.

614 Vgl. Wuthenow, Muse, S. 58.

615 Vgl. Gö II, S. 115.

616 Vgl. Wuthenow, Muse, S. 58.

617 Gö II, S. 114 f.

nen, Herzogin, lebe - zu schwach zu all dem langen, schweigsamen Abwarten“[618]. Fortan schwebt über seiner Kunstproduktion das selbst auferlegte Stigma der „Hysterischen Renaissance“[619]. Dieser Begriff, der nach Banuls Ursache unzähliger Missverständnisse und polemischer Angriffe gegenüber Manns Roman war[620], bezieht sich im Romantext vorrangig auf die Unmöglichkeit der Vereinigung von Kunst und Leben. Einen richtigen Ansatz zur Interpretation des Wortes „hysterisch“ liefert ebenfalls Banuls, der von der historischen Bedeutung des Begriffs ausgeht: „Unfruchtbare Anstrengungen, tragisches Unvermögen zu verbergen unter Spiel, Illusion, Künstlichkeit [...] wobei der moderne Mensch zwischen Rausch und Enttäuschung, Überspanntheit und Ermattung in fortwährender Unausgeglichenheit schwebt“[621]. Jakobus Halm formuliert seine künstlerische Tätigkeit gleichlautend als „Verkleidung“ und „(Über-)schminken“, „moderne[r] Ähnlichkeiten und Perversitäten“[622]. In ihm gestaltet sich Nietzsches Theorem vom modernen Künstler als „Lügner“[623], der in Erkenntnis des Wirklichkeitsverlustes seiner Zeit selbst zum Träger der Krankheit „Hysterie“ wird, was sich in der Verfremdung der Gegenwart mit Hilfe der Vergangenheit äußert. Der Maler entwickelt sich jedoch weiter, er gibt „den Gedanken, interessenloses Wohlgefallen sei die Grundlage künstlerischen Schaffens“ auf und intendiert „den konkreten Nachvollzug“ Nietzsches, indem er sich in einen dionysischen Rauschkünstler wandelt[624] und, gleichlaufend mit der Herzogin, den Nachvollzug des leidenschaftlichen Lebens anstrebt. In der körperlichen Vereinigung mit dem ehemals künstlichen Ideal glaubt er, die Wirklichkeit wiederherstellen zu können und den Scheincharakter von Kunst und Leben zurückzunehmen: „Jedes ihrer [Violantes] Bilder ist nur ein Wunsch. Sättigen Sie mich endlich, dann kommt das Meisterwerk“[625]. *Venus* soll das künstliche Ideal des Lebens ablösen und ein lebendiges Ideal der Kunst erreichen. Bezeichnenderweise ruft erst

618 Ebd. S. 116.

619 Vgl. ebd. S. 117.

620 Vgl. Banuls, H. Mann, S. 61.

621 Ebd.

622 Vgl. Gö II, S. 117.

623 Vgl. Banuls, H. Mann, S. 61. Vgl. auch Gö II, S. 119. An dieser Stelle verweist Jakobus explizit auf den „Betrug“ seiner Kunst.

624 Vgl. Emrich, Macht und Geist, S. 81.

625 Gö II, S. 185.

diese Neuausrichtung die wirkliche Identitätskrise des Künstlers hervor, das Leben überwältigt ihn und lässt seine Kunst stagnieren: „Er weiß alles. Aber er *sieht* es nicht“[626]. Dies offenbart die Ehefrau Bettina Halm der Herzogin und berichtet von seinen Todesahnungen, resultierend aus der Angst, dem Objekt der Begierde „zum Schlusse *nicht* zu gleichen, und zu sterben, auf einmal ausgebrannt und verbraucht, und bevor der letzte, entscheidende Sturm auf die Schönheit ihm gelungen ist“[627]. Erneut ist die künstlerische Existenz bedroht durch den Letalfaktor, den die Erkenntnis der ästhetizistischen Schwäche nur verstärkt hat. Liebs erkennt die Problematik des kunstschaffenden Mannes in der Tatsache, dass die vermeintliche Wiederbelebung des Kunstobjekts „Frau“ sie eben nicht von ihrem Objektcharakter - und damit von ihrem leblosen Schein - befreit: „Als weder ganz lebend, noch ganz tot ist ihre Existenz in einem scheinbar unauflöslichen Widerspruch gefangen, der darauf hinausläuft, daß sie in den ästhetischen Produktionen des Mannes immer wieder zum Objekt dieses Zwischenreiches erhoben wird“[628]. Die Herzogin von Assy sieht ihren Ausweg aus dem geteilten Stadium in der vollständigen Hinwendung zur Sphäre kunstbefreiten Lebens[629], Jakobus Halm aber wird durch sein erneutes Scheitern zum dilettantischen Künstler[630]. Jakobus charakterisiert sich selbst als Don Quichotte, der „Traum“ seiner Kunst sei eine „Torheit“ gewesen[631], damit entspricht die Figur des Künstlers „einem dreistufigen Schema des Erlebens und Handelns der [dilettantischen] Figu-

626 Ebd. S. 247. Herv. H. Mann.

627 Vgl. ebd. S. 246. Herv. H. Mann.

628 Liebs, Elke: „Möglichkeitsfrauen und Wirklichkeitsmänner“. In: Roebling, Frauenbilder, S. 99-124, S. 122. Im Folgenden: Liebs, Möglichkeitsfrauen.

629 Vgl. Gö II, S. 253: „Er wird nie Venus malen. In fruchtlosen Umarmungen verzehren wir uns und verlassen uns schließlich [, erkennt die Herzogin]“.

630 Ein Verweis auf diesen Typus findet sich schon an früherer Stelle im Roman, der Maler stellt im Hinblick auf Nino fest: „Wir sind beide aus dem Hause Quichotte de la Mancha...“. Vgl. ebd. S. 113. Der spanische Ritter ist, wie Michael Wieler in seiner aufschlussreichen Arbeit zum Dilettantismus festhält, „mystisches Leitbild“ des Dilettanten. Vgl. Wieler, Michael: *Dilettantismus: Wesen und Geschichte am Beispiel von Heinrich und Thomas Mann*. Würzburg: Königshausen und Neumann, 1996. S. 123 ff. Im Folgenden: Wieler, Dilettantismus.

631 Vgl. Gö II, S. 114.

ren Heinrich Manns", welche „eine typische Abfolge von `Sehnsucht´, `Lüge´ und `Enttäuschung´ [durchleben]"[632]. Die Sehnsucht, Violante in ihrer künstlichen Idealität abzubilden, formt sich durch das Nichtgelingen zur Lüge, der Frau im Leben begegnen zu können und auf diese Weise ein Ideal zu konstituieren. Resultat aller Bemühungen ist die Enttäuschung des Dilettanten, der versagt hat „sowohl die Kunst wie auch das Leben gleich vollkommen zu bewältigen"[633]. Sein Gefühl der „existenziellen Haltlosigkeit"[634] drängt schließlich auch Jakobus zu dem Versuch einer Überwindung des künstlich dilettantischen Daseins: „Als ich hoffungslos nach dir verlangte, konnte ich aus meinen Begierden Bilder machen; es war ein Irrtum, dass wir uns lieben mussten [...] in diesem Jahr sind alle Bilder übertüncht [...]. Welch Glück! Die Dinge ansehen, ohne sie malen zu müssen"[635]. Es kann somit festgehalten werden, dass das ästhetizistische Experiment der Herzogin von Assy scheitert. Der Künstler, den sie zur Durchführung erwählte, muss seinem Metier letztlich entfliehen, um die „empfundene Aussichtslosigkeit" der dilettantisch geprägten ästhetizistischen Künstlerexistenz zu kompensieren, indem er eine ideologische Flucht begeht, die, orientiert an der „Bejahung zu leben", neuen Sinn im Dasein konstituiert[636]. Jakobus wird als Weinbauer der Kunst entkommen, er folgt damit dem einzigen Ausweg, den der Autor Heinrich Mann für den Künstler mit einem „geschwächten Nervensystem" findet: „Fliehe der Schönheit, Freund, und genieße den köstlichen Frieden, /Der dem Gemüt nahrhaft, schöne Gedanken erzieht!"[637].

3.3.2 Der künstliche Garten und die Abkehr von der Kunst

Zu Beginn der einsetzenden Handlung des *Minerva*-Teils betritt die Bildhauerin Properzia Ponti in Begleitung des von ihr hoffnungslos verehrten Maurice Mortœil den künstlichen Garten auf dem venezianischen Anwesen der Herzogin von Assy[638]. Letzterer bildet fortan die Metapher ihrer sowohl kunststiftenden als auch lebensvernich-

632 Vgl. Wieler, Dilettantismus, S. 225 f.

633 Vgl. ebd. S. 28.

634 Vgl. ebd. S. 44.

635 Gö II, S. 260.

636 Vgl. Wieler, Dilettantismus, S. 36.

637 Vgl. Mann, Heinrich: *Platen in Italien*. In: Gö, Materialien, S. 304.

638 Vgl. Gö II, S. 35.

tenden Liebe. Properzia erkennt die Gefahr, die mit dem Verweilen in dem artifiziellen Gebilde einhergeht, die allmähliche Versteinerung, die Erstarrung alles Lebendigen[639], und sehnt sich nach der lebensspendenden Funktion von Liebe, die sie mit dem natürlichen Leben gleichsetzt: „Alles in unserer Liebe ist viel zu glatt, kühl, überlegt, verschlungen, vielfach: gerade wie hier im künstlichen Garten. Sollen wir uns nicht doch dort finden, wo es nach Erde riecht, sollen wir uns nicht einmal im Leben ins Gras werfen, wo wirkliche Nesseln uns brennen und warme Erdbeeren sich an unseren Lippen zerdrücken?"[640]. In dieser Fragestellung in Bezug auf das Konstrukt des künstlichen Gartens entsteht das Gleichnis einer fundamentalen Auseinandersetzung mit der Problematik der ästhetizistischen Kunstauffassung. Das Bild des Gartens „seit uralter Zeit [...] Spiegel des Paradieses, an welchem der Mensch seinen zeitlichen Zustand [misst]"[641], steht hier pars pro toto für das veränderte Verhältnis und Verständnis zwischen Mensch und Natur zur Zeit Jahrhundertwende. Zurückgehend auf Baudelaire und die *Schwarze Romantik* mutiert Natur zur Hieroglyphe[642], woraufhin das Individuum sie nicht mehr dechiffrieren kann. Aus dem Gefühl des Betrugs entsteht ein „unstillbarer Hass auf die Natur"[643], die ihre mimetische Funktion verliert. Zusammengenommen mit der existenziellen „Krise des Vertrauens in die Natur des Menschen"[644] steht der moderne Künstler einer doppelwertigen „Zerstörung der überlieferten kulturellen Ordnung" gegenüber, er wird folglich dazu verdammt „sein eigenes Universum neu zu erschaffen", die dramatische Konsequenz aus dem Vertrauensverlust ist dabei der Verlust des Wirklichkeitsbezugs der ästhetizistischen Kunst, die einen verlockenden Fluchtweg aus dem Dilemma verspricht[645]. Es wird gefordert, dass die Natur das Kunstwerk nachzuahmen habe und nicht umgekehrt[646], Natur wird als vulgär abgewertet, wenn sie nicht durch die gestalterischen Hände des Menschen gegangen ist[647].

639 Vgl. ebd. S. 83 und 87.

640 Ebd. S. 35.

641 Schorske, Wien, S. 266.

642 Vgl. Kupfer, Künstliche Paradiese, S.162.

643 Vgl. ebd. S. 190.

644 Vgl. Schorske, Wien, S. 267.

645 Vgl. ebd. S. XX.

646 Vgl. Praz, Schwarze Romantik, S. 38 f.

647 Vgl. Wuthenow, Muse, S. 90 f.

Der künstliche Garten der *Minerva* ist ausschließlich von menschlichen Händen gestaltet, der Rasen ist aus „grünem, feuchtem Stein", Bäume wurden in „bemaltes Holz geschnitten" und erhielten „gläsernes" Laub und „kleine Früchte aus blutigrotem Jaspis": „Die Blüten sind aus Elfenbein und die Blumen aus Porphyr"[648]. Die Imitation der Natur übertrifft sie in Perfektion, denn im künstlichen Garten gibt es keine zufällige Kreation, Schönheitsfehler oder Mängel wie sie in der natürlichen Schöpfung vorkommen. Das ästhetizistische Credo des Scheins erschafft die perfekte Illusion[649]. Besonders auffällig bei der Beschreibung des Gartens erscheint die vornehmliche Verwendung von farbintensiven funkelnden Edelsteinen, die laut Eilert zum „Signum einer Spätkultur [werden], einer Zeit des Verfalls zugleich und des verfeinerten ästhetischen Empfindens"[650]. Sie erkennt in dem Bedürfnis und der Suche nach kostbar-erlesenen Materialien eine Kompensation der Vergänglichkeits- und Endzeiterfahrung des *Fin de Siècle*, Edelsteine - Symbole der Ewigkeit - widerstehen dem Verfallsprozess[651]. Indem der ästhetizistische Künstler diese nun in seiner Kunstproduktion verwendet, hofft er, Teil zu haben an dieser Ewigkeits- bzw. Unsterblichkeitserfahrung. Gleichzeitig spiegeln die kräftigen Farben der Gegenstände in Violantes Garten wider, was dem Künstler während der Schaffensphase verloren gegangen ist: Die natürliche Lebensfarbe. Wie ein Vampir zieht das Kunstwerk seine Lebensenergie aus dem Körper, angedeutet in Gestalt des „blutigroten" Jaspis[652]. Properzia Ponti ist sich des Preises bewusst, den sie zu zahlen hat, wenn sie weiter im künstlichen Garten verweilt, es ist der unbedingte Liebesverzicht, der gleichgesetzt werden kann mit dem Verzicht auf Leben: „So trügerisch ist jede liebe Regung, nach der ich in ihrem Herzen greife, Maurice. Alles in unserer Liebe ist viel zu glatt, kühl, überlegt, verschlungen, vielfach: gerade wie hier im künstlichen Garten"[653]. An dieser Stelle versinnbildlicht sich die Problematik der Scheinerge-

648 Vgl. Gö II, S. 35.

649 Vgl. Ebd.: „Ich [Properzia] will eine Rose aufheben, da ist sie aus lauter winzigen Steinsplittern zusammengesetzt".

650 Vgl. Eilert, Heide: „Die Vorliebe für kostbar-erlesene Materialien und ihre Funktion in der Lyrik des Fin de Siècle". In: Bauer, Fin de Siècle, S. 421-441, S. 421. Im Folgenden: Eilert, kostbar-erlesene Materialien.

651 Vgl. ebd. S. 422.

652 Eilert konstatiert: „Die tote Pracht kostbarer Gegenstände bezeichnet die äußerste Lebensferne". Vgl. ebd. S. 428.

653 Gö II, S. 35.

benheit ästhetizistischen Kunstschaffens[654], lebendiger Partizipation entsagend, wird der Ästhet auf Passivität[655] und „ewiges Zuschauen"[656]reduziert, er atmet Leben aus zweiter Hand. Demgemäß lässt sich im weiteren Handlungsverlauf des Textes bereits an dieser frühen Stelle ein warnender Unterton ausmachen, der Ruf des Lebens, der umso lauter wird, je mehr ihn der Künstler zu negieren versucht. Mortœil, menschlich „erhitzt" und „verwirrt" von den Impressionen der nach Leben trachtenden künstlichen Properzia vernimmt die Stimmen von „Rausch" und „Begierde": „Aller Blut wallte auf. Sie horchten darauf, wie es kochte, und ließen sich betäuben und entzücken"[657]. Und Mortœil wendet sich ab in Richtung Leben, Properzia bleibt zurück im Reich der Kunst[658]. Einmal mehr wird hier die exklusive Isolation des Künstlers verdeutlicht, der „Rückzug aus dem feindlich erfahrenen Leben"[659]. Auch ein erneuter Versuch Properzias, den künstlichen Garten zu verlassen, scheitert[660], Mortœil erkennt sich selbst als „Narziß"[661] und spielt damit an auf die dem Ästhetizismus zum Hauptvorwurf gemachte Eigenschaft der „hedonistischen Selbstvollendung": „[Diese] wurde zum Ziel allen Strebens, und Stifters >Garten der Tugend< wurde verwandelt in einen >Garten des Narziß<"[662]. Ein weiteres Mal erweist sich die folgende Handlung als konsequent, Properzia schafft als Reaktion auf Mortœils erneutes Bekenntnis zu Clelia ihr größtes Kunstwerk, „die Liebenden in der Hölle"[663]. Dieses Bildnis thematisiert nicht nur die moderne Vorstellung, höchste Kunst könne allein im größten Leid entstehen, es verweist desweiteren auf den tödlichen Beigeschmack des ästhetizistischen Kunstwerkes[664], denn der

---

654 Vgl. Kapitel 1.3 dieser Arbeit.

655 Vgl. Wuthenow, Muse, S. 86.

656 Vgl. Schorske, Wien, S. 294.

657 Vgl. Gö II, S. 35. Diese Stelle im Text kann darüberhinaus als Prolepse für das Schicksal der Herzogin gewertet werden: Sie wendet sich ebenfalls von der Kunst ab und gibt sich dem ungezügelten Leben hin, was viele Opfer finden wird.

658 Vgl. ebd. S. 36.

659 Vgl. Wuthenow, Muse, S. 100.

660 Vgl. Gö II, S. 69 und 76.

661 Vgl. ebd. S. 76.

662 Ritter-Santini, Optisches Zitat, S. 287.

663 Vgl. Gö II, S. 76.

664 Vgl. Wuthenow, Muse, S. 98.

Tod als „dionysischer Verbündeter des Lebens" stellt die unbewussten Triebe dar, „welche von einem Übermaß individueller Selbstkultivierung verdrängt wurden"[665]. Dieser Argumentation folgend wird die Todesbesessenheit des *Fin de Siècle* verständlich, von der die *Göttinnen* ebenfalls durchwoben sind. Die Alternative zum Leben heißt Tod und nicht Schein, erreicht der Künstler diese Erkenntnisstufe, kann es nur zwei Möglichkeiten für ihn geben: Den ästhetizistischen Gedanken überwinden oder an seiner Kunst zugrunde gehen. Properzia Ponti entscheidet sich für den letalen Ausgang ihres Schicksals, was, übereinstimmend mit Ritter-Santinis Wertung der *Göttinnen*, *nicht* als kritiklose Darstellung auf Autorebene gedeutet werden kann:

> „Der kritisch kodifizierte und philologisch reproduzierte Heinrich-Mann-Ästhetizismus enthält ambivalente *valeurs* und stellt Werte in Frage, die noch von den Schriftstellern seiner Zeit als echt empfunden wurden. Seine Mittel zeigen in dieser reflektierten und nicht nur technischen Verfremdung die Vorstufe der `destruktiven Zerstörung´, der Anklage an die leergewordene, tote Form"[666].

Properzia Ponti wird selbst zu dieser „toten Form" als ihr die Lebenspartizipation verweigert wird, sie zelebriert ihre Künstlichkeit gar, indem sie versucht, das Leben, hier in Gestalt des Maurice Mortœil, mit den Waffen der Kunst zu schlagen und in den künstlichen Garten zu entführen[667]. Dabei erstarrt die Bildhauerin zum Werkstoff ihrer Kunst, sie wird zu Stein, dies versinnbildlichen die physischen Attribute, mit denen sie ausgezeichnet wird: Der „Marmor [ihres] Leibes", sie war „immer noch Stein"[668], ihre „Steinschultern"[669]. Das Einswerden mit den Objekten ihrer Kunst ermöglicht ihr für einen kurzen Augenblick, Mortœil, bzw. das Leben, vorzuführen, indem sie beide der Lächerlichkeit preisgibt. Properzia bestellt Mortœil zu einer Liebesnacht, als dieser sich ihr jedoch nähert „prallt er ab"[670]. Sie stilisiert sich somit als personifizierte Kunst, die dem Leben seine untergeordnete Stellung vor Augen führt, es

---

665 Vgl. Schorske, Wien, S. 290.

666 Ritter-Santini, Optisches Zitat, S. 266. Herv. Ritter-Santini.

667 Vgl. Gö II, S. 83.

668 Vgl. ebd. S. 87.

669 Vgl. ebd. S. 91. Zur Semantik von Properzias Körper vgl. auch Dahlem, Auflösen und Herstellen, S. 172 f.

670 Vgl. Gö II, S. 86 ff.

soll, als Strafe für den Liebesentzug, niemals teilhaben an der höheren Erkenntnis des kreativen Schöpfungsaktes. Bezeichnenderweise „arrangiert“ sich Properzia in der besagten Nacht gemäß dem Interieur des künstlichen Gartens, in kostbar erlesener Umgebung: „Nackt, auf einem Liegestuhl, zwischen *Fellen* und *Kissen*“ in „*goldgelbem* Licht“, das um sie herum „*glitzerte* [...] von *goldenen* Körnchen in schwarzer Gaze. Der *Goldbrokat* hinter [ihren] Schultern brannte dunkel“[671]. In dieser Szenerie findet sich eine bedeutende Schnittstelle, in der die ästhetizistische Inszenierung in dekadentes Gebaren umschlägt. Properzia Ponti verwandelt sich für die Dauer einer Nacht in eine *femme fatale*, deren Schmuck *keine* Vitalität verkörpert, sondern Ausdruck für ihre „Sterilität und Lebensfeindlichkeit“ ist: „Indem der Frauenkörper, mit einem kostbaren Panzer umgeben, gleichsam selbst zu einem Schmuckgegenstand verkünstlicht wird, sind nicht mehr Zeugung und Empfängnis Ziel, sondern die erotische Lockung selbst“[672]. Die Emanzipation des Erotischen in Gestalt der künstlichen Frau wird in Verbindung gebracht mit Grausamkeit, Eilert erkennt darin die Neigung der *Décadence*, „Kostbares mit dem Blutrünstigen zu verbinden“[673]. Ästhetizismus auf die Spitze getrieben nähert sich somit an dieser Stelle des Romans seinem Gegenpol, der *Décadence*[674]. Die neue Stilisierung des Schönheitsbegriffs impliziert nämlich ebenfalls Verworfenheit[675], die laut Wuthenow den als tragisch empfundenen Konflikt des modernen Künstlers hervorruft: „Er muss eines Tages erkennen, dass er nicht einer Göttin, sondern einem Ungeheuer gedient hat“[676]. Mit dem Ungeheuer ist die Kunst gemeint, die nicht nur Leben verschlingt, sie trägt auch keine Früchte und verkörpert nichts Greifbares, nur Schein. Das Bewusstsein dieser Bodenlosigkeit erfährt Pro-

671 Vgl. ebd. S. 86f. Herv. d. Verf.

672 Eilert, kostbar-erlesene Materialien, S. 426.

673 Vgl. ebd. S. 426 f.

674 Die Inszenierung der schmuckbehangenen *femme fatale* erinnert an Baudelaires *Hymne an die Schönheit*: „Schönheit [...] Entsetzen umschmiegt deine Brust wie Juwelen und Gold“. Vgl. Baudelaire, Charles: *Die Blumen des Bösen*. München: Diogenes, 1982. Im Folgenden: Baudelaire, Blumen. An späterer Stelle wird dieses Motiv in Bezug auf die Herzogin von Assy wiederkehren und Gegenstand der Untersuchung in Kapitel 4 sein.

675 Vgl. Wuthenow, Muse, S. 62.

676 Ebd. S. 24 f. Praz verweist ebenfalls auf das „Ungeheuer der Schönheit“, das für den „schwachen Sterblichen nur zum Verhängnis werden [kann]“. Vgl. Praz, Schwarze Romantik, S. 184.

perzia schließlich am Ende der Nacht, im Moment ihres scheinbaren Triumphes über das Leben und die Liebe bekennt sie: „Ja! Wie sind wir unglücklich!"[677]. Erkenntnis vernichtet den Schein und damit die Grundlage ihres ästhetizistischen Künstlertums. Der Daseinsberechtigung beraubt, erdolcht sie sich und selbst im Werkzeug ihres Selbstmordes spiegelt sich eine Allegorie der fatalen Kunst: „Am Heft befindet sich ein wundervolles Scheusal aus Elfenbein, eine Venus-Astarte mit zwölf Brüsten! ..."[678]. Properzias (Über-)lebenskampf im künstlichen Garten, den sie verliert, erhält in Bezug auf den Handlungsverlauf Verweischarakter, er thematisiert vorgreifend den Ausbruch Violante von Assys aus ihrer künstlich geschaffenen Idealwelt und spielt auf ihre nächste Rolle, die männermordende *Venus*, an. Dahlem erkennt in der literarischen Konzeption von Nebenfiguren wie Properzia Ponti eine bestimmte Technik Heinrich Manns zur „Schaffung eines Gesamtkunstwerkes"[679]: Die Figuren der *Göttinnen* besäßen kein „Innenleben" mehr und thematisierten auf diese Weise pars pro toto das Konzept der bewussten Künstlichkeit, die Destruktion des Identitäts- und Entwicklungskonzepts erzeuge die „artifizielle Figur"[680]. Dies anerkennend, lassen sich bedeutsame Wegbegleiter der Protagonistin als Spiegel ihrer vergangenen und zukünftigen Handlungen interpretieren[681]. Dahlem bemerkt hierzu, es sei „für die Romanwelt Heinrich Manns typisch, daß eine oder mehrere Personen bewusst Rollen spielten, um auf andere Anwesende zu wirken"[682]. Das Schicksal der Properzia verfehlt seine Wirkung auf die Herzogin nicht, durch ihren Tod gerät Violante in das Spannungsfeld der Zeitebenen, ihr gegenwärtiges Dasein wird durchwoben von Impressionen der Vergangen-

677 Gö II, S. 89.

678 Ebd. S. 92.

679 Vgl. Dahlem, Auflösen und Herstellen, S. 130.

680 Vgl. ebd. S. 165 f.

681 Haupt/Würffel bezeichnen u. a. das Bild des Gartens und des Spiegels als Schlüsselmotive des *Fin de Siècle*. Vgl. dies., Handbuch, S. 35.

682 Dahlem, Auflösen und Herstellen, S. 168. Für einen genauen Einblick in die Technik der „Artefaktherstellung" in den *Göttinnen* sowie einer Übersicht über sie wichtigsten Randfiguren in ihrer Funktion des „Doppelgängers", der „Wiederkehr" und „Wiederholung" vgl. dies. Bronfen erkennt in diesen Motiven darüberhinaus Vorboten des Todes. Vgl. dies., Weiblichkeit, S. 368.

heit[683] sowie den lockenden Stimmen der Zukunft[684] und sie beginnt, die Konstitution des Künstlertums zu reflektieren, die Bedrohung seiner überhöhten Stellung zu erkennen: „Ich frage mich heute wie damals: Woher droht solches Geschick, und wem droht es *nicht*?“[685]. Mit dem „Geschick“ ist das leidenschaftliche Leben gemeint, das versucht, den Künstler in seine Tiefen zu reißen und ihm den Tod bringt. Zunächst beschließt Violante, dem Ruf des Lebens zu widerstehen und nie zu vergessen, „daß die Tempelhalle, in der [sie] leb[t], um den Altar der Minerva prangt“[686], doch schon das Hören bedingt ihre allmähliche Abkehr von der ästhetizistischen Kunst[687]. Violante erlebt durch den Tod eines weiteren Weggefährten, San Bacco, die „Fruchtlosigkeit“ ihrer künstlerischen Existenz, welche bereits zuvor - im besprochenen Motiv der sterilen Juwelen - angedeutet wurde: „Wie ist alles fruchtlos, was ich tue. Wie bin ich fruchtlos“[688]. In dieser Aussage findet sich eine explizite Anklage gegenüber dem ästhetizistischen Kult der Schönheit und dem Wunsch nach Steigerung des Lebensgefühls, der, laut Wuthenow, zu „Mattigkeit, lähmender Selbstbeobachtung und Sterilität“ führe[689]. Werde das Künstliche als vollkommen künstlich sichtbar gemacht, fasst dieser zusammen, mache dies auch seine Gefährdung sichtbar“[690]. Jene Gefährdung, verdeutlicht am Beispiel Properzias, verkörpert das Geheimnis der ästhetizistischen Kunst, ihre Schwachstelle, die Wuthenow im „Kultus des Unwahren“ findet[691]. Indem Violante Einblick erhält in diese Substanzlosigkeit, verspürt sie den Drang, dem Wesen der Gefahr auf den Grund zu gehen und das „bislang Nicht-Erblickte“ anhand von „gestaltloser Sünde und

---

683 Violante resümiert den unglücklichen Tod der Dichterin Blà: „Warum starb dann die arme Blà: sie, ein liebliches Geschöpf des Geistes, das zur unterworfenen Sache ward und zum wehrlosen Opfer eines wohlgebildeten Tieres!“. Gö II, S. 91.

684 Sie spricht von der „Leidenschaft, die fremde Züge trug, hinausgedrängt, die hohen Stufen hinab, an denen die Brandung des weihelosen Volkes sich bricht“. Ebd. S. 95.

685 Ebd. S. 91. Herv. H. Mann.

686 Vgl. ebd. S. 95.

687 Im Roman finden sich Anzeichen des Wandels zur *Venus*-Figur bereits fünfzig Seiten nach obigem Zitat. Vgl. ebd. S. 153.

688 Ebd. S. 152.

689 Vgl. Wuthenow, Muse, S. 248.

690 Vgl. ebd. S. 218.

691 Vgl. ebd. S. 48.

wortlosen Freuden" zu erfahren[692]. Voraussetzung ist das erneute Abstreifen einer überlebten Rolle, deren „Glanz schon ausgelöscht [ist], [da] ihre Reinheit durchkreuzt [wurde] von wirren Zeichen"[693]. Sich selbst zitierend[694] verweist Violante erneut auf das Gleichnis der „hohen Stufen, an denen die Brandung des weihelosen Volkes sich bricht"[695], nur ist es diesmal nicht Properzia, die diese Stufen „hinunter gedrängt" wird, sondern die Herzogin selbst. Das „weihelose Volk" symbolisiert das unwissende Leben, dem sie sich fortan widmen wird, dieses ist nicht durch die Weihe der Kunst überhöht. Doch auch die diesseitige Orientierung wird ins Extreme übersteigert werden, dem höchsten Kunstgenuss gleichkommend, wird sie ihren tödlichen Beigeschmack entfalten. Balk spricht hier von einem „unlösbaren Konflikt", welcher die keuschen künstlerischen Frauen einhole, „wenn sie von der Liebessucht erfasst werden" und sieht die einzige Ausflucht daraus in einer Abkehr von allem Menschlichen, also dem physischen Tod[696]. Diesbezüglich erhält erneut die Nebenfigur Clelia Dogan Verweischarakter, die das entstandene Verhältnis Violantes mit Jakobus Halm eifersüchtig beäugt und resümiert: „Die Unmöglichkeit, satt zu werden, wird beide in Traurigkeit stürzen, ihn und sie. Und die Wut, dennoch Sattheit zu erreichen, wird in den Wunsch verlaufen, zu sterben oder einander zu töten"[697]. Clelias Worte verdeutlichen eindrucksvoll den bereits erwähnten Letalfaktor, der die *Göttinnen* bestimmt: Welchen Weg die Protagonistin auch wählt, am Ende wartet stets der Tod.

---

692 Vgl. ebd. S. 116.

693 Vgl. Gö II, S. 153.

694 Siehe ebd. S. 95.

695 Vgl. ebd. S. 180.

696 Vgl. Balk, Theatergöttinnen, S. 49.

697 Gö II, S. 256 f.

4 Dritter Teil: *femme fatale*

4.1 Nino und die Flucht in die Idylle

An der Schwelle zur- und während der *Venus*-Phase begeht die Herzogin von Assy jeweils einen Fluchtversuch, innerhalb dessen sie ihr Dasein losgelöst von den Fesseln der Kunst und des Lebens in einem Zustand natürlich-geistiger Idealität gestalten will. Die erste Alternative glaubt sie zu finden in der anbetenden und „reinen“ Liebe des Knaben Nino, nach dessen heimlichem Liebesbekenntnis Violante ihren Augen „erlaubt“, „warm zu werden und feucht“[698]. Die angedeuteten Tränen entdecken die seltenen menschlichen Reaktionen der zur Göttin überhöhten Frau und sprechen in diesem Fall für Hilmes These, welche in der Liebesgeschichte des Knaben und der Herzogin die „imaginäre Überbrükkung“ der „Differenz von Realität und Idealität“ sieht[699]. Beide vereinen ihre gemeinsamen Träume[700], auf die Nino mit der Offenbarung ihres Kosenamens aufmerksam macht: „Yolla statt Violante. Sie verstehen wohl...Du verstehst wohl...“[701]. Dieser Name, der die Protagonistin und ihren Schützling wie ein Geheimnis miteinander verbindet, impliziert allegorische Qualität, Hilmes spricht ihm die Funktion eines „ästhetischen Vermittlungsversuchs“ innerhalb Heinrich Manns Roman zu[702], „Yolla oder der Traum vom Glück im Leben“ sei die mögliche Variante, durch „Imagination [...] Dauer und Glück [...] nicht nur in der Kunst, sondern auch im Leben“ zu konstituieren. „Yolla“ als „echte“ Identität der Herzogin solle das angestrebte Ideal der „Venus Anadyomene“[703] ermöglichen, die göttlich vollkommene Liebe[704]. Die Herzogin selbst greift dieses Bild

---

698 Vgl. Gö II, S. 154.

699 Vgl. Hilmes, femme fatale, S. 214.

700 Vgl. Gö II, S. 162. Hier heißt es: „Jetzt bin ich bei ihm [Nino], dachte die Herzogin und spielte seinen Traum zu Ende“.

701 Ebd. S. 161.

702 Vgl. Hilmes, femme fatale, S. 216.

703 Hilmes deutet dieses Idealbild im Ensemble der drei Göttinnen als vierte Metamorphose der Herzogin von Assy. Dieses erreiche sie im Tode. Vgl. ebd. S. 202. Kapitel 4.4 dieser Arbeit bespricht das tödliche Ende der Protagonistin und geht im Zuge dessen näher auf Hilmes Deutung ein.

704 Vgl. ebd. S. 214 und 216.

auf und bestätigt Ninos Interpretation ihres Namens: „Wie dankbar bin ich dir für diesen Namen. Wie konntest du ihn erfinden? In meinem ganzen Leben, musst du wissen, hatte noch keiner mir einen Kosenamen gegeben...Man soll mich nur *lieben*; wiederholte sie ganz *schwach*"[705]. Eine temporär reflexive Sichtweise ihrer selbst erreicht die Herzogin allein im Rückgriff auf die Verbindung zu Nino, innerhalb der sie Individualität zulässt und „menschliche" Bedürfnisse wie den Wunsch nach Liebe oder die Suche nach Verständnis äußert. In diesem Zustand hofft sie, ihre leere Identität überwinden zu können und die Substantialität - welche gleichbedeutend ist mit Wahrhaftigkeit - ihrer Gefühle zu erleben. Wie zur Selbstvergewisserung bestärkt sie daher Nino: „Du hast soeben etwas sehr großes gehört. Es ist vorüber, du fühlst dich verlassen und steckengeblieben, nicht wahr? Aber glaube nur, alles Große, das wir zu *empfinden* vermögen, ist unser. Es wartet auf uns, an dem Wege, wo wir vorbeikommen sollen. Es beugt sich von seinem Sockel zu uns nieder, es nimmt uns so bei der Hand wie ich dich"[706]. Als Venedigs Schwüle zu bedrohend wird, flieht die Herzogin mit Nino in die ländliche Märchenidylle, in deren Umfeld der Madonnenkult um die Herzogin zelebriert werden soll[707]. Hermand bezeichnet das Zurück zur „verwunschenen Natur" als „Realitätsflucht" in eine „utopische Traumwelt", die Sicherheit durch inneren Rückzug bietet: „Die Welt des Tages, der Realität, der Gesellschaft [...] wird dadurch völlig unexistent [sic!]. Nicht sie will man wahrnehmen, sondern bloß noch hermetisch abgedichtete Innenzonen des ästhetischen Unterbewusstseins, in denen die künstlerische Phantasie sich scheinbar völlig selbst überlassen ist"[708]. Für Violante bedeutet ihre Flucht ein Rückzug vor der tödlich erstarrten Form-

705 Gö II, S. 232. Herv. d. Verf.

706 Gö II, S. 163.

707 Vgl. ebd. S. 222: „So still und gerade und andächtig stehen sie da, meinte der Knabe, wie auf den alten Bildern die Rosen, wenn sie Wacht halten vor der Madonna". Nino beschreibt in der Folge das ländliche Domizil der Herzogin, dass einem Märchenschloss ähnelt- die Rosen werfen diese Assoziation auf- und zugleich den sakralen Charakter eines Klosters ausstrahlt, in dem der Madonna gehuldigt wird. Vgl. auch Ninos explizite Märchenanspielung: „Nicht wahr [...], das ist das Schloß, wo Dornröschen schläft", charakterisiert er Violantes Anwesen und sieht sich selbst als Prinz, der „auch nach hundert Jahren [kommt, um die „Prinzessin" zu retten]". Ebd. S. 228.

708 Hermand, Jugendstil, S. 488 f.

strenge ästhetizistischer Kunst sowie die im Madonnenkult vorläufig erreichte Abwehr der erotischen Überwältigung ihrer *Venus*-Verwandlung[709]. Noch einmal wird sie ganz zur ätherischen *femme fragile*, in „weiche[m], weiße[m] Kleide", „blaß" und „ermattet". Sie gleicht dem „Verwehen einer Wolke" und hat an dieser Stelle ebenfalls das sakrale Moment verinnerlicht: „Es hauchte ihn [Nino] daraus eine Ermattung an, eine Verleitung zu *Traum* und *Hingabe* mit *gefalteten Händen*"[710]. Diese christliche Metaphorik wird durchwoben mit den Symbolen heidnischer Sinnlichkeit und Naturverbundenheit. Violante wird zur „Schwester der Bäume ringsumher"[711], sie verkörpert damit gleichermaßen ein vom Jugendstil geprägtes Ideal der Frau „als unartikulierte Natur", das Hermand ebenfalls im Zusammenhang mit der Flucht vor der „modernen Zersplitterung [...] und allgemeinen Abwendung von der [...] häßlich und korrumpiert empfundenen `Realität´" aufkommen sieht[712]. Bezeichnenderweise bemerkt Hermand, dass die weiblichen Naturwesen „der Liebe des Mannes bedürfen, um ebenfalls *Seele* zu werden"[713]. Die Einbeziehung des Begriffs „Seele" schließt den Kreis zu dem angesprochenen Seelenkult des *Fin de Siècle*, welcher bereits in Gestalt der *femme fragile* literarische Verarbeitung fand, nun auch in der Stilisierung der naturverbundenen Frau ausgedrückt wird und darüberhinaus im Roman auch auf mythologischer Ebene fortgeführt wird: Nino bezeichnet sich selbst als „Amor", der Violante den Weg zu „neuen Spielen" weist[714] und greift damit explizit den Amor-Psyche-Mythos auf[715]. Dieser thematisiert nicht nur die Flucht der beiden mythologischen Figuren in einem von der Welt getrennten Zustand ewig überhöhter Liebe, er zudem verurteilt die zurückgelassene menschliche Sphäre als fortan von Amors Bruder Photos - dem Verlangen -

---

709 In dieser Phase wird die „Venus Anadyomene" abgelöst von der „Venus Victrix", der „Madonna-Verderberin", welche die dämonische Seite der Herzogin zum Vorschein bringt. Vgl. Hilmes, femme fatale, S. 196 ff.

710 Gö II, S. 231. Herv. d. Verf. Vgl. auch den Vergleich von Violantes Körper mit dem „Schimmer einer Blüte". Ebd. S. 240. Thomalla schlüsselt die Darstellung der Frau als „Blumenmädchen" zum Inbild einer *femme fragile* auf. Vgl. Thomalla, femme fragile, S. 48 f.

711 Vgl. Gö II, S. 240.

712 Vgl. Hermand, Jugendstil, S. 470 und 479.

713 Vgl. Ebd. S. 479. Herv. d. Verf.

714 Vgl. Gö II, S. 244.

715 Zur Bedeutung dieses Mythos für die Darstellung der toten Frau während der Jahrhundertwende vgl. Liebs, Möglichkeitsfrauen, S. 117 ff.

beherrschten Ort[716], was auf Violantes nächste Verwandlungsstufe hinweist. Die zahlreichen Anspielungen auf das Seelenleben und die Träume als konstitutive Elemente der der Liebesbeziehung Yolla-Nino postulieren diesbezüglich nicht nur die Idealität der Imagination, sie greifen auch der Unmöglichkeit des Erlebens auf Realitätsebene vor[717]. Nino muss die Herzogin verlassen[718], um ihre imaginäre Idealität zu wahren, denn er kann der versengenden Macht ihrer realen Schönheit nicht standhalten[719]. Kurz darauf hält das Verlangen Einzug und „Yolla" wird zu *Venus*: „In wenigen Augenblicken vergaß sie die Keuschheit ihres ganzen Lebens"[720].

Nino kommt ein weiteres Mal, um Violante in ein Traumreich zu entführen. Auf dem Höhepunkt der *Venus*-Phase, während des Theaterstücks Jean Guignols, wird die Herzogin mit der Vision ihrer selbst als Todesbotin konfrontiert, doch bevor sie eine Reaktion darauf zeigen kann, stört Nino die Szenerie[721]. Beide entfliehen zusammen dem Theater, Violante „spürt keine Unruhe mehr" und ist plötzlich „aus der Göttin umgewandelt in eine Frau"[722]. An dieser Stelle fungiert Nino als Jungbrunnen[723], der „Yolla" noch einmal erweckt, um ihr letzte Kraft zu geben, ihre Rolle bis zum Ende durchzuspielen. Für die Dauer eines Kapitels des dritten Teils der *Göttinnen*[724] gestaltet Heinrich Mann erneut die Szenerie einer paradiesischen Märchenlandschaft[725], in der die Protagonistin sich der (selbst-)zerstörerischen Kraft ihrer letzten Verwandlung entziehen kann. In dieser stilisierten Umgebung, einer Burg auf einem Hügel über dem Meer, kulminieren alle den Roman bestimmenden Motive und Weiblichkeitsentwürfe, die Herzogin von Assy wird zum Symbol ihrer selbst. Zurückgekehrt an einen Ort, der dem ihrer Kindheit gleicht, ist sie zugleich „weises Kunstwerk"[726], Märchenprinzessin[727]

---

716 *Amor*. Artikel in: Wörterbuch der Mythologie.

717 Vgl. hierzu auch Hilmes, femme fatale, S. 216.

718 Vgl. Gö II, S. 250.

719 Vgl. ebd. S. 252.

720 Ebd. S. 252.

721 Vgl. Gö III, S. 149.

722 Vgl. Ebd.

723 Vgl. ebd. und S. 154.

724 Ebd. Kapitel IV, S. 151-184.

725 Vgl. ebd. S. 151 und 173.

726 Vgl. ebd. S. 174.

und nach dem Jugendstil gebildetes Naturwesen[728]. Ebenso überschatten dekadente Attribute der *femme fatale* die Idylle, die weitaus offensichtlicher von Anzeichen des Todes bedroht ist als es jene der *Minerva*-Phase war[729]. Schon während der Reise zu dem Domizil an der Amalfi-Küste beschreibt Nino seinen Zustand todesgleich, ob der Schönheit, die ihn umgibt[730] und thematisiert damit erneut die Wirklichkeitsferne ihrer Flucht. Angekommen in Salerno „öffnete die Stadt, ein riesenhafter *Schwan*, die blendenden Flügel"[731]. Der Zufluchtsort der beiden Geflohenen verspricht keine Heilung von der Realität, denn diese dringt in Form von ehemaligen Liebhabern der Herzogin ein und zerstört Ninos Idealbild „Yolla"[732]. Violante ist zu diesem Zeitpunkt schon *femme fatale* und wird diese Verwandlung auch beibehalten[733], weswegen die Welt der Träume, die sie mit Nino vereint, ausschließlich in der Erinnerung fortleben kann[734]: „Es ist nur ein Augenblick, in dem er schön ist: wir sind nur einen Augenblick schön. Und sein Augenblick gehört mir"[735], bekennt die Herzogin und spricht explizit die Vergänglichkeitserfahrung des modernen Individuums an, dessen Körperlichkeit von „Zerstö-

---

727 Vgl. ebd. S. 169.

728 Vgl. hierzu auch Hermand, der auf die Meeres- und Sturmflut-Mythologie des Jugendstils hinweist. Die Idylle des *Venus*-Teils ist am Meer lokalisiert, während ein Sturm aufzieht. Hermand nennt die „Bergkönigin Lorelei" als jugendstiltypischen Weiblichkeitsentwurf und charakterisiert die Landschaftsgestaltung in der „Neigung zum Märchenhaften, Dämonischen und Gegenrationalen". Vgl. Hermand, Jugendstil, S. 474 f.

729 Hier sind die „Zypressen" als Todesmotiv zu nennen. Vgl. Gö II, S. 225. Ebenso die „weißen Tauben", deren Füße „Blutstropfen" gleichen. Ebd. S. 233.

730 Vgl. Gö III, S. 151: „Ich kann sie nicht zurückerobern aus den Armen ihrer Erinnerungen! Sie ist auf einmal ganz voll von den Malen alter Liebkosungen und den Verheerungen verjährter Küsse. Ich erkenne sie nicht mehr...Yolla!".

731 Vgl. ebd. S. 154. Herv. d. Verf. Dieser mythologische Verweis erinnert nicht allein an eine Verwandlung des Zeus, er erweckt desweiteren die daraus folgende Assoziationskette hin zu Helena, *der* verderbenbringenden Frau der Antike. Ebd. S. 154. Herv. d. Verf.

732 Ebd. S. 170 f.

733 Vgl. ebd. S. 178.

734 Vgl. ebd. S. 182.

735 Ebd. S. 164.

rung", „Zweifel" und „Müdigkeit" geplagt ist[736]. „Auf immer gerettet"[737] sind sie nur innerhalb der Ebene der Imagination, wo die Herzogin aus der Isolation ihrer überhöhten Existenz befreit scheint und „nicht mehr allein"[738] ist, da Ninos Träume „imaginär Identität stifteten"[739]. Die Komponente der körperlichen Leidenschaft aber zwingt sie, voneinander Abschied zu nehmen[740] und Liebe im Leben zu suchen[741]. Die jeweiligen Fluchtversuche sowohl aus der Kunst als auch aus dem Leben erweisen sich somit als nicht durchführbar, sie würden allein den entmaterialisierten Zustand als Vollkommenheit anerkennen, d. h. Erlösung nur im Tod finden. Damit aber bietet der Ausweg, den die Identität „Yolla" verspricht, keine Alternative, vielmehr führt er genau den Kreislauf von Liebe und Tod weiter, den er eigentlich durchbrechen sollte.

4.2 Die *Venus*-Phase und Violantes Wandlung in die *femme fatale*

Platens Zitat wird zu Beginn des *Venus*-Bandes der *Göttinnen* abgelöst von einem Zwei- und einem Vierzeiler Henri de Régniers: „Moi voici, revenu des grands pays lointains/De pierre et d´eau, et toujours seul dans mon destin -", heißt es zunächst und daraus lässt sich unschwer schließen, dass sich im Folgenden das Schicksal der Herzogin von Assy vollendet. Zurückgekehrt ist sie aus den „großen, fernen Ländern der Steine und des Wassers", dieser Vers verweist zum einen auf die abgelegte Maske der *Minerva*, deren künstliche Welt aus Statuen, d. h. *Steinen* bestand, zum anderen thematisiert das *Wasser* die Geburt der *Venus*, in deren Gestalt Violante ihren letzten Lebensabschnitt begeht. Die sich anschließende Strophe führt näher aus, *welche* Facette der komplexen Natur der Göttin vordergründig in der Herzogin inkarniert und was von der Welt, in die sie sich begibt, übrig geblieben ist: „Rome! Tes dieux sont morts, et ta maigre tétine,/Louve de bronze, pend d´avoir trop allaité/Mais le fantôme nu de l´antique beauté /Erre encore aujourd´hui sur la

---

736 Vgl. ebd.

737 Ebd. S. 165.

738 Vgl. ebd. S. 183.

739 Vgl. Hilmes, femme fatale, S. 215.

740 Vgl. Gö III, S. 182.

741 Vgl. ebd. S. 184: „Was wäre das für eine Liebe, die dich vom Leben ferne hielte".

terre latine". Es wird eine sinnlich-erotische „Venus victrix"[742] sein, in die sich die Protagonistin verwandelt, welche in ihrer Promiskuität und Gewaltsamkeit verwandtschaftliche Züge mit der heidnischen Venus der nordischen Sage teilt[743]. Eine solche Realität ist es nämlich, die Violante von Assy vorfindet, als sie sich dem Leben zuwendet, ihre „Götter sind tot", das Heilsversprechen existiert nicht mehr. Was bleibt, ist die Möglichkeit einer Kompensation durch die sinnliche Lebenserfahrung, welche auszehrenden sowie illusionären Charakter besitzt, die „bronzene Löwin" ist „mager von zu viel säugen", ihre „antike Schönheit" bloß noch „nacktes Phantom". Gemäß Hilmes Auffassung kommt es somit während der *Venus*-Phase zu einer mythologischen Synthese der Liebes- und Todesgöttin[744], die sich auf literarischer Ebene in der Wandlung der Protagonistin zur *femme fatale* niederschlägt. Dieser, erstmalig in Praz Untersuchungen zur *Schwarzen Romantik* charakterisierte Typus einer grausam schönen Frau[745], wird während der Jahrhundertwende zu *dem* Leitmotiv in Literatur, Bildender Kunst, Musik und Schauspiel[746]. Insbesondere die literarische Strömung der *Décadence* huldigte dem „schauervollen Genuss", den die „anziehende Aura [der *femme fatale*] aus Koketterie, Verruchtheit und Fragilität"[747] versprach und welche ihr Verlangen nach einer „Ästhetisierung des Schreckens" durch die „Dämonisierung von Schönheit" stillte[748]. Dieser Schönheitsbegriff ist dem des bereits thematisierten *l´art pour l´art*-Gedanken entgegengesetzt und gestaltet die „Erotisie-

742 Vgl. Hilmes, femme fatale, S. 200.

743 Jene „Feenkönigin", die den Venusberg errichtete, ließ jegliche sexuelle Ausschweifungen in ihrem Terrain zu. Wer sich ihnen jedoch hingab, wurde um sein ewiges Heil gebracht. *Venus*. Artikel in: Wörterbuch der Mythologie.

744 Vgl. Hilmes, femme fatale, S. 200.

745 Vgl. ders. Schwarze Romatik, insbesondere Kapitel IV, S. 167ff. Die Erstnennung des Begriffs *femme fatale* geht auf Théophile Gautier (1872) zurück. Vgl. Blänsdorf, femme fatale, S. 81.

746 Vgl. u. a. Haupt/Würffel, Handbuch, S. 145-150; Lorenz, Moderne, S. 137 ff; Hilmes, femme fatale; Roebling, femme fatale; Bork, Claudia: *Femme fatale und Don Juan. Ein Beitrag zur Motivgeschichte der literarischen Verführergestalt*. Hamburg: von Bockel, 1992. Im Folgenden: Bork, femme fatale. Siehe auch Kreuzer, femme fatale.

747 Haupt/Würffel, Handbuch, S. 145.

748 Vgl. ebd. S. 146.

rung des Thanatos"[749], die Verklärung des Hässlichen und zu Negierenden, welchem Charles Baudelaire - Ikone der Dekadenzbewegung - in seinem Gedichtband *Les Fleurs du Mal* ein Denkmal gesetzt hat: „Du trittst auf Leichen, Schönheit, und lachst unserer Qualen,/ Entsetzen umschmiegt deine Brust wie Juwelen und Gold,/Auf dem stolzen Leib seh´ ich zärtlich tanzen und strahlen/Den Meuchelmord, kostbar Geschmeid, dem vor allem du/hold"[750]. Anspielungen auf das „Ungeheuer an Schönheit"[751], in das sich die Herzogin von Assy als *Venus* verwandeln wird, finden sich bereits zu Zeiten der *Minerva* und *Diana*-Phase. Die „männermordende" Eigenschaft wird der Protagonistin von Beginn an zugesprochen[752], ihr Äußeres stellt eine Vermischung der Gegenpole *femme fatale* und *femme fragile* dar, ihre Haare sind gemäß der ersten Figur „schwarz"[753] aber auch, gemäß der zweiten Figur, „schwer"[754], „sie war schlank, feingliedrig [fragil] *und* voll Spannkraft [Stärke der *femme fatale*]"[755], ihre Herkunft richtet sich nach Heinrich Manns Präferenz für die Ausgestaltung des Stehens „zwischen den Rassen"[756]. Darüberhinaus wird Violante auch in der Phase der Keuschheit von den sie umgebenden Männern als „unglückbringend" sowie „böse" erfahren[757], ihre Schönheit ruft „Qualen" hervor[758] und Seelen „verbrauchen" sich an ihr[759]. Noch bevor sie sich endgültig in ihre dritte Verwandlung

---

749 Vgl. ebd. S. 150.

750 Baudelaire, Charles: *Hymne an die Schönheit*. In: Ders, Blumen.

751 Vgl. Praz, Schwarze Romantik, S. 184.

752 Vgl. Gö I, S. 11: „Zwanzigjährige Leutnants, die um einen Blick aus ihren Augen ihre Laufbahn und ihr Leben wagen".

753 Vgl. ebd. S. 26 und Bork, femme fatale, S. 63

754 Vgl. Gö I, S. 26 und Thomalla, femme fragile, S. 27.

755 Vgl. Gö I, S.26. Herv. d. Verf.

756 Vgl. ebd. : „Augen blaugrau wie das nordische Meer ihres Ahnherren [Merkmal der *femme fragile*] [...] und Siziliens entnervtes Feuer [*femme fatale*]".

757 Vgl. u. a. ebd. S. 102, 165 und 189.

758 Vgl. ebd. S. 206.

759 Vgl. ebd. S. 245. Darüberhinaus ist das Schicksal Properzia Pontis im *Minerva*-Band der *Göttinnen* gebunden an den Verlust ihrer „Seele", die durch die antike Maske der römischen Kaiserin Faustina repräsentiert wird und deren Weitergabe an den Kunsthändler Dolan den Untergang der Bildhauerin einläutet. Faustina ist nach Praz ein weiterer Prototyp der *femme fatale*, sie sei ein „blutlechzender Vampir" und „verkörper[e] das Ewig-Weibliche in seiner Grausamkeit". Vgl. Gö II, S. 10, 89 und 90

begibt, erkennt Violante zudem, dass das „Verlangen", welches sie als *Venus* leitet, von „Grauen" begleitet sein wird, doch „ohne es zu wissen, tat sie einen Schritt vorwärts"[760]. Dies belegt, dass sie sich ihrer zukünftigen, verderbenbringenden Eigenschaften bewusst ist, ihre Rolle jedoch wie ihre vorherigen Metamorphosen unerbittlich bis zum Ende durchspielen wird. Von immenser Bedeutung ist darüberhinaus die Wahl Venedigs als Residenz der Göttin *Minerva*, gilt der Ort doch „in der Literatur seit dem 16. Jahrhundert als Stadt der Kurtisanen und wird mit *Venus*, als deren Göttin, in Verbindung gebracht", konstatiert Bork unter Verweis auf Walter Pabst und zitiert dessen Wertung der Lagunenstadt als „Stadt der Sittenverderbnis, der `dissoluteness´"[761]. Dass Violante dort die Funktion einer keuschen Wächterin über die Kunst einnimmt, spricht zum einen für die These der vorliegenden Arbeit, welche den positiv-proklamierten Ästhetizismus-Kult im Roman widerlegen will[762], zum anderen greift die Stadt pars pro toto die Todessehnsucht des dissoziierten modernen Menschen auf, welche in ausschweifender Sexualität kompensiert werden soll und damit zur Kultivierung des literarischen Typus der *femme fatale* beiträgt. Mit dem konkreten Übertritt in die *Venus*-Rolle treten ausdrücklich die dämonischen Eigenschaften der fatalen Frau in der Herzogin zu Tage. Am Sterbebett San Baccos erkennt Jakobus Halm erstmalig die Liebesgöttin in Violante und assoziiert sie sogleich mit der Motivik des Vampiris-

sowie Praz, Schwarze Romantik, S. 208. Praz zieht ebenfalls Parallelen zur Göttin *Venus*, beide seien „ewig" in ihrer Eigenschaft als „unzerstörbares Liebeswerkzeug mit einem Uhrwerk aus geschmeidigem Gold", womit in Faustina ein impliziter Verweis auf die kommende Rolle der Herzogin gesehen werden kann. Vgl. ebd.

760 Vgl. Gö II, S. 138.

761 Vgl. Bork, femme fatale, S. 15. Vgl. auch Praz, der in den „zügellosen Sitten der *italienischen Renaissance*" Vorbild und Inspiration der Dichter zur Gestaltung der dämonischen Frau sah. Praz, Schwarze Romantik, S. 168. Herv. d. Verf.

762 Eindeutig wird dieses Lebensmodell verworfen zugunsten des „wirklichen" Lebens. Vgl. hierzu auch Emrich, die in allen drei Stadien eine „konkrete Durchführung des nietzscheanischen Gedankens, daß der `umgekehrte Prozess´, das allmähliche Erwachen des dionysischen Geistes [stattfinde]" erkennt und kein „ästhetische[r] Lebenskult aus Lebensschwäche" proklamiert werde. Emrich, Macht und Geist, S. 110. Dass die Entscheidung der Protagonistin für die Sphäre des Lebens ebenfalls nicht zu einem positiven Ausgang ihres Schicksals führt, wird im Folgenden untersucht werden.

mus, begleitende Legende der *femme fatale*[763]: „So zum *Erschrecken* schön war sie niemals; nie von so *verzehrender* und so *fruchtbarer* Schönheit [...]. Und ihre *Kraft wächst* an diesem *Sterbebett* [...], wie ein Jungbrunnen sprüht es aus der Maske des Todes [...] und erfüllt uns mit etwas Berauschendem. Sie wird nicht leugnen, daß es *Liebe* ist!"[764]. Wollust und Tod, Kennzeichen der vampiresken *femme fatale*[765], werden fortan zum Schicksal der Protagonistin und aller, die ihren Weg kreuzen[766]. Die „Blässe", die sie auszeichnet[767], erhält nun doppelwertigen Charakter, war sie vormals deutliches Attribut der *femme fragile,* kann sie nun ebenfalls als „Blässe der dämonischen Frau"[768] gewertet werden.

Ein weiterer Verweis innerhalb des *Minerva*-Teils findet sich in Ninos Rezitation des Liebesgedichts von Francesca[769], in dem eine Reminiszenz an die historische Begebenheit um Francesca da Rimini gesehen werden kann. Die literarische Verwertung ihrer Geschichte um Ehebruch, Blutschande und Tod bezieht Praz ebenfalls in die Genese des *femme fatale*-Mythos ein, hierbei sei vor allem der gewalttätige Aspekt der geschlechtlichen Liebe von Bedeutung[770]. Nino greift in der Folge auch auf ähnliche Vokabeln zurück, wenn er Violantes Schönheit „grausam" und „unerbittlich" wertet[771]. Ihre *Venus*-Phase beginnt die Herzogin mit dem Aufenthalt in einer weiteren ländlichen Idylle[772]. Umgeben von Obst- und Olivenbäumen, fruchtbaren Feldern, Nutzvieh und einfachen Bauern hört sie es „in Pflanzen, Tieren, Menschen [...] schwellen von Säften. Sie [sieht] das Leben schwindelnd aufschließen in leidenschaftlichen Garben, gleich dem Wein"[773]. Dort, wo die Menschen nach „Vieh

---

763 Vgl. Praz, Schwarze Romantik, S. 187.

764 Gö II, S. 184. Herv. d. Verf. Herv. „Liebe" H. Mann.

765 Vgl. Praz, Schwarze Romantik, S. 187.

766 Vgl. hierzu auch die Wandlung in die „grausame Madonna", Gö II, S. 214.

767 Vgl. ebd. S. 231.

768 Vgl. Praz, Schwarze Romantik, S. 198.

769 Vgl. Gö II, S. 233.

770 Vgl. Praz, Schwarze Romantik, S. 237. Siehe auch Hilmes, femme fatale, S. 2.

771 Vgl. Gö II, S. 233.

772 Vgl. Gö III, Kap, I, S. 11-46.

773 Ebd. S. 13.

und Göttern riechen“[774], begegnet Violante den orientalischen Adligen Fatme und Ismael aus der *Diana*-Phase und beschließt zunächst, mit ihnen in einem arkadischen Zustand von Natürlichkeit und Weltferne zu verweilen. Diese Zwischenstation der Protagonistin verkörpert zwar, wie Schwede ansatzweise feststellt, einen empfohlenen „Ausweg aus der Desorientiertheit“[775] des modernen Menschen, sie ist jedoch nicht Ausdruck einer etwaigen „Naturvergötterung“ auf Basis „provinzialistischer“ und „exotistischer Eskapismen“, die die „klischeehaft anmutende [...] Antagonisierung von Stadt und Land, bzw. zivilisierter Großstadt und freier Natur“ zur Folge hätten[776]. Vielmehr vollzieht sich auf dem Land bildlich und wörtlich das Erwachen des dionysischen Geistes in der Herzogin. Anfänglich nur Zuschauerin, wird sie zur Teilnehmerin der Bacchanalien, während derer sich die Menschen in antike Fabelwesen und Waldgeister verwandeln[777]. Nach der Hinwendung zum dionysischen Rauscherlebnis jedoch wird die Idylle zerstört, Violantes Sinnlichkeit ist erstmals so gewaltig, dass sie unmittelbar tötet[778] und ihre Umwelt nimmt sie als todbringenden „Weibsteufel“[779] wahr: „Dass der schöne Junge gestorben ist, daran bist du [Violante] schuld. [...] Du bist eine Zauberin! [...] Verhext hast du alle Männer und alle Weiber, dass sie nur noch Lust wollen. Alle sind liebestoll geworden, und alle toll nach deiner Liebe! [...] Nicht die Heiligen taten das. Niemand ruft sie an - dich rufen sie an, dich, die du alle verhext hast! ...“[780]. Hilmes bemerkt diesbezüglich: „Die Verbindung von Sexualität und Aktivität rückt die Femme fatale in die Nähe zur Hexe, der mit dem Teufel im Bunde stehenden Frau, die über ge-

---

774 Vgl. ebd, S. 18.

775 Vgl. Schwede, Neuromantik, S. 73.

776 Vgl. Ebd. S. 166.

777 Vgl. Gö III, S. 24 und 38. Vgl. diesbezüglich auch die Bedeutung des „Satyr“ in Nietzsches *Geburt der Tragödie*: „Der dionysische Grieche will die Wahrheit und die Natur in ihrer höchsten Kraft - er sieht sich zum Satyr verzaubert“. Nietzsche, Tragödie, S. 55. Violante von Assy greift ein ähnliches Bild auf: „Ein Widder scheint mir, hat mich in jener Nacht [...] hierher entführt“. Gö III, S. 36. Danach wird sie zur weiblichen Naturgottheit, einer Nymphe, stilisiert und gibt sich somit dem dionysischen Rausch hin. Ebd. S. 39.

778 Vgl. ebd. S. 40.

779 Vgl. Hilmes, femme fatale, S. 48.

780 Gö III, S. 45.

heime Kräfte verfügt und diese auch einsetzt"[781]. Der Ort, an dem sich die zerstörerische sexuelle „Zauberkraft" der Herzogin vollständig entfaltet, gleicht demgemäß einer „Vorhölle"[782]. Neapel, vor Hitze glühende Stadt im tiefen Süden, betäubt die Sinne ihrer Einwohner: „Der Himmel strahlt herein auf Kot, Grimassen, bunten Bettel. Erschreckliche Höhlen öffnen ihre Löcher neben Palästen von altem Pomp"[783]. Zu dem zukünftigen Domizil Violantes führt eine „Avenue mit Lavaquadern"[784] und sie fühlt sich verschlagen „in das Land der redenden Tiere"[785]. In dieser Atmosphäre von Sonnenglut, Dunst und Menschengewirr gedeihen Lebenslust und sexuelle Sinnlichkeit, über welchen aber stetig der Hauch von Verfall und Tod schwebt[786]. Das künftige Schlafgemach der Herzogin im neapolitanischen Palast greift die für das *Fin de Siècle* typische Verquikkung von Weiblichkeit, Wollust und Gewalttätigkeit auf. Ausgestattet mit roter Seide, Stuck und Gold, assoziiert Violante das Bild eines „Schlachtfeldes", in dem sie sich „in die Brust [werfen wird], bis es schmerzt"[787]. In der Folge lässt sie sich auf ein geheimnisvolles Spiel um Sexualität, Macht, Prostitution und Kriminalität ein, in dessen Verlauf die Herzogin sich selbst zu einer Kurtisane stili-

---

781 Hilmes, femme fatale, S. 227.

782 Vgl. Haupt/Würffel, Handbuch, S. 153. Hier wird die moderne Stadt als Vorhölle sowie „Götze einer gefahrvollen und gefährdeten Moderne" enttarnt.

783 Gö III, S. 49.

784 Vgl. Ebd. Violante wird dorthin „entführt" von Don Saverio Cucuru, mit dessen Familie Violante bekannt ist und der sie an Orfeo Piselli erinnert. Hier findet sich erneut ein Doppelgängermotiv des Romans.

785 Vgl. ebd. S. 53.

786 Vgl. hierzu Hinterhäuser, der in den „toten Städten" der *Fin de Siècle*-Literatur ein „doppeltes Lustbekenntnis" der *Décadents* erkennt, „das Eingeständnis, dass Verfall und Tod nicht nur als Narkotikum, sondern auch als Stimulans der Lebenslust zu wirken vermögen". Hinterhäuser, Frauengestalten, S. 55.

787 Vgl. Gö III, S. 50. Siehe hierzu auch Bork, die in der Verwendung der Farbe „Rot" Merkmal der *femme fatale* erkennt und sie als Ausdruck „sexueller Untertöne" wertet, aber auch „Gedanken an die Hölle" aufkommen sieht. Bork, femme fatale, S. 68. Haupt/Würffel erkennen in der „pompösen Inneneinrichtung"- Violante bezeichnet sie als „lächerliche Überlebensgröße"- die „Heimzitierung von Kunst ins Leben", was dem Werdegang der Herzogin von Assy in der *Venus*-Phase vollends entspricht. Vgl. Haupt/Würffel, Handbuch, S. 156 und Gö III, S. 50.

siert[788]. An die Stelle des Malers Jakobus Halm tritt der Dichter Jean Guignol, auch er erhebt Violante zu seiner Muse[789], jedoch ist das Verhältnis der beiden geprägt von einem veränderten Schönheits- und damit Kunstverständnis. Anknüpfend an die Theorie vom Versagen des Ästhetizismus bedingt dies eine Hinwendung der Protagonistin zur „*Lebens*kunst". Das Leben jedoch wurde geprägt von der ästhetizistischen Erfahrung der Zerstörungskraft absoluter Schönheit, was insbesondere der dekadenten Geisteshaltung zur Ausgestaltung ihrer Theorien verhilft. Zum Ziel wird es, der Ernüchterung zu entgehen durch eine Anbetung der Zerstörung, der ein „unersättlicher Zug ins Ungeheure und Schrankenlose"[790] anhaftet, Bahr etwa beschreibt die vorrangige Tätigkeit der *Décadents* als fleißiges Suchen der „seltsamen Ausnahme"[791]. Somit wird auch das Außergewöhnliche, nicht selten Abstoßende, der Sexualität zu Tage getragen, was sich ebenfalls in dem veränderten Verhältnis zwischen Künstler und Muse bzw. Inspirationsgeschehen niederschlägt. Wuthenow bezieht sich an dieser Stelle auf Baudelaires Vorstellung von der „Muse als Dirne" und bescheinigt derselben den Abstieg von der „geheiligten Göttin" zur im Exil lebenden Prostituierten[792]. Bezeichnenderweise charakterisiert sich Violante in ihrer *Venus*-Phase als „Mensch", der „immer dieselbe Seele" habe[793] und vollzieht damit eine klare Trennung zwischen den göttlichen Masken und ihrem Dasein als sinnliche Frau in der modernen Gesellschaft. Einerseits wird sie so in eine „begehrenswerte exotische Abart der Spezies Mensch verwandelt, in welcher die sinnlichen Triebe inmitten einer rational organisierten Zivilisation ihr letztes Naturreservat gefunden haben"[794]. Andererseits führt die Wandlung in die *femme fatale* zu einer Bedrohung der Wirklichkeit durch den tödlichen Aspekt der Liebe. Wie einst in der Scheinwelt der Kunst, bilden sich in dem real erfahrenen Lieben Mortifikationstendenzen, ausgelöst durch rätselhafte Weiblichkeit. Gutjahr findet die Ursache

---

788 Vgl. Gö III, S. 60.

789 Vgl. ebd. S. 90.

790 Vgl. Bahr, Décadence. In: Wunberg, Moderne, S. 231.

791 Vgl. ebd. S. 232. Vgl. hierzu auch Balk, die den Reiz der *femme fatale* in ihrem „fundamentalen Anderssein" begründet sieht. Balk, Theatergöttinnen, S. 65.

792 Vgl. Wuthenow, Muse, S. 60.

793 Vgl. Gö III, S. 66.

794 Vgl. Gutjahr, Lulu als Prinzip, S. 50.

hierfür in der Reduzierung der Frau auf ein Trieb- und Gefühlswesen, aufgrund fehlenden Bewusstseins hebe diese den Widerspruch zwischen Körper und Geist - analog anwendbar auf die Einheiten Leben und Kunst - auf und werde zur „Inkarnation des Lustprinzips". Infolgedessen käme es zu einer Unterwanderung des „Realitätsprinzips", also zu einem Verlust des Wirklichkeitsbezugs[795], was wiederrum zu Orientierungslosigkeit und Untergangsangst führe.

Jede Versuchung und Hingabe der Herzogin ist fortan begleitet von einer „Versuchung, [...] zu töten"[796] und es streicht „ein Wind von Wahnsinn den Golf entlang": „Jedes neue Sterben, dass für sie [Violante] geschah, schnellte ihre Genußsucht in wütendere Wirbel. Die Gier durchwühlte sie bis zum Aufschreien: alle zu beglücken, alle zu befreien von ihrem Drange - Lust zu spenden, soweit ihr Wurf reichte, und inmitten alles zuckenden Lebens dem Tode keinen Fleck am Boden zu lassen, wo er sich hinstrecken konnte"[797]. In einem Theaterstück des Dichters Guignol[798] erscheint Violante als Göttin Venus[799], die ihre neue Identität einer *femme fatale* bzw. „Kurtisane" enthüllt. Symbolträchtig wird von ihr ein Schleiertanz aufgeführt[800], der an Salomé, Inbegriff der *femme fatale* der Jahrhundertwendeliteratur[801], erinnert und genauso verderbenbringend sein wird: „Soll ich tanzen?", fragt die Herzogin und warnt zugleich: „Hüte dich, daß nicht aus jedem meiner Tritte eine Mänade aufspringt und dich zerreißt"[802]. Der exotische Tanz, „entscheidendes Verführungsmittel der femme fatale"[803], spiegelt die angesprochene, dekadente „Sehnsucht nach dem Anderen, dem geheimnisvollen

---

795 Vgl. ebd.

796 Vgl. Gö III, S. 106.

797 Ebd. S. 205.

798 Emrich deutet dieses als „Dionysosfeier", während der der Dichter seine „artistische, apollinische Bewusstheit" an einen Zustand des Rausches verliere. Vgl. Emrich, Macht und Geist, S. 91.

799 „Sie stand am Strande, [...] die Muschel in ihrer Rechten". Gö III, S. 138.

800 Vgl. ebd.

801 Vgl. Haupt/Würffel, Handbuch, S. 593.

802 Vgl. ebd. S. 139. Zur „Artenfülle" innerhalb des literarischen Konzeptes *femme fatale* vgl. Damblemont, Gerhard: „La *féminité dévorante*: Nana, Renée, Salomé, Lilith und ihre Schwestern im französischen *Fin de Siècle*-Drama". In: Blänsdorf, femme fatale, S. 81-97, S. 93.

803 Vgl. Bork, femme fatale, S. 65.

Fremden" wider, welches erneut durch die Frau verkörpert wird[804]. Der szenische Rahmen des Tanzes, das Theaterstück, sollte eigentlich zum Ausdruck der Rache des Künstlers an der käuflichen Muse werden, die zu viel von seiner Persönlichkeit eingefordert hat[805], jedoch kommt es im Verlauf des Schauspiels zu einer „Abdankung des Genies"[806] Guignols zugunsten der Unterwerfung der „triumphierenden Venus":

> „Er hatte sich diese Verse stark gedacht und als ein Ansichreißen aller seiner Würde. Nun waren sie ihm entfallen, und er erfand andere, [...] eine bleiche, aus zuckenden Lippen gestoßene Abdankung alles Stolzes, alles Willens zu Geist und Größe, und eine ekstatische, selbstzerstörerische Unterwerfung unter das Fleisch und unter seine Gebieterin, die Venus hieß"[807].

Zunehmend wird die anziehende Sinnlichkeit der Herzogin in Verbindung gebracht mit der vorherrschenden Gefühlskälte in Bezug auf ihre Taten[808], die Unruhen, Wut und scharenweise Selbstmorde verursachen[809]. In der *femme fatale*, die Violante als *Venus* darstellt, kulminieren schließlich die negativen Weiblichkeitsvorstellungen der gesamten abendländischen Geistesgeschichte, welche während der Jahrhundertwende zum ambivalenten „Symbol für Teilnahmslosigkeit und Dämonie, distanzierte Nähe [...] und vernichtende Schönheit" wurden[810]. Zum „Sinnbild der Liebessucht"[811] erhoben, „geißelt" sie als heidnische „Hexe Morra" die Stadt Neapel, tötet mit ihrem Blick wie Medusa und kuppelt in ihrem Gefolge „mit der herrischen Geste von Venus als sie Helena und Paris zusammentrieb"[812]. In der Folge gewinnt der Tod die Oberhand: „Zum ersten

---

804 Vgl. Haupt/Würffel, Handbuch, S. 593. Vgl. auch Gutjahr, die den Tanz „Zum Symbol erotischer Verführung" erhebt. Gutjahr, Lulu als Prinzip, S. 63.

805 Vgl. Gö III, S. 133. Genauer ausgeführt wird das Rachemotiv bei Emrich, Macht und Geist, S. 89-96.

806 Vgl. Emrich, Macht und Geist, S. 93.

807 Gö III, S. 147.

808 Vgl. ebd. S. 145 f. und Bork, femme fatale, S. 7.

809 Vgl. ebd. S. 206 f.

810 Vgl. Schickedanz, femme fatale, Vorwort und S. 20.

811 Vgl. Gö III, S. 206.

812 Vgl. ebd. S. 206 f. Zur „Blickgewalt" der *femme fatale* vgl. Bork, femme fatale, S. 63f.

Male schrillte durch eine ihrer Orgien ein Ton wie von Verzweiflung"[813], der nicht nur die Teilnehmer, sondern auch die Herzogin selbst ergreift, sie wird sich nun selbst zum Verhängnis.

4.3 Violantes Niedergang: Die dekadente Krankheit

Ebenso wenig wie das ästhetizistische Lebensmodell der genauen Prüfung durch die Herzogin von Assy standgehalten hat, erweist sich das dekadente Dasein im Strudel sexueller Ausschweifungen tauglich zum Fortbestehen. Der Tod holt Violante ein: „So wild sie jagte; er war schon da. Überall, wo sie die Wollust, vorbeikam, da erhob [...] der Tod den Kopf vom Pflaster. Je mehr fieberhaftes Leben sie verschenkte, desto mehr Todeskälte bekam sie zurück"[814]. Der Erfahrung, dass hinter dem Spiegel der Kunst der Tod lauert, schließt sich die Erkenntnis an, dass auch das moderne Leben, das im Roman mit der Liebe gleichgesetzt wird, unwiderruflich in der vorzeitigen Sterblichkeit mündet. Darüberhinaus präsentiert „Thanatos", gemäß dekadenter Kunsttheorie, seine hässliche Seite, die der Ästhetizismus noch zu verschleiern suchte[815]. Die Atmosphäre im Palast der Herzogin ist getragen von dem zwanghaften Festhalten an einer Schönheit, aus der alles Leben gewichen ist: „Die Luft des riesigen Saales war *schal, säuerlich* und *heiß*. Die Walzer wimmerten *fieberhaft* und *matter*. Am Boden raschelten lauter *trockene Blumen*. Das Geräusch der schleifenden Füße klang *trostlos* [...]. Hier und dort sah eine Frau im Spiegel sich *gelb* und *verschwand*"[816]. Jedoch treibt der Moderduft des Verfalls die Sinnlichkeit weiter zur Ektase[817], sodass nicht allein die Umwelt, sondern auch der menschliche Körper beginnt, lebendig zu verwesen. „Krank an der Seele und im Leibe"[818] ereilt Violante das Fieber, dem die *Décadents* anheimfallen[819] und dessen Auswirkungen sie diszipliniert verbirgt.

---

813 Gö III, S. 207.

814 Ebd. S. 205.

815 Vgl. hierzu die Verwendung des „falschen Marmors" im Palast der Venus, der zusammen mit den „hundert Spiegeln", bewusst von der Kunst wegleitet und immer wieder auf das Leben zeigt, welches jedoch „blass", „faltig" und „erschöpft" ist. Vgl. Gö III, S. 61.

816 Ebd. S. 94. Herv. d. Verf.

817 Vgl. hierzu Bronfen, die Freud heranziehend, die Todeserfahrung im *Fin de Siècle* „libidinös besetzt" sieht. Bronfen, Weiblichkeit, S. 39.

818 Bahr, Décadence. In: Wunberg, Moderne, S. 228.

819 Vgl. ebd. S. 231 und Gö III, S. 100 und 129.

Ihr Körper „bildet sich zurück" und „verdorrt", Herzrhythmusstörungen und Kopfschmerzen dauern zu dieser Zeit bereits vier Jahre, doch „ihr stolzer Wille allein brachte es fertig, daß durch ihre Haut eine gesunde Röte schien"[820]. Dem inneren Verfall folgt der äußere, die Umgebung spiegelt erneut die psychische und physische Konstitution der Herzogin wider: „Am Boden *brannten zerplatzte Granatäpfel* und *verbluteten Tauben* neben *Rosen*", eine „*rote Luft*" strömt über *Sirenen*, die sich auf „*rot spiegelnden* Wellen" tummeln, ihre Haare sind „*rot*", ihren „*breiten Mündern*" entsteigen „*harte* und *schrille Laute*"[821]. Hier zeichnet sich das Dekadenzgebären als „Zeitschicksal" ab, dessen Entwicklung im Roman des *Fin de* Siècle Haupt/Würffel durch eben diese „Wendung nach Innen" nachvollziehen und damit den Duktus der äußerlichen Passivität einbeziehen, der in den *Göttinnen* vorrangiges Merkmal der Protagonistin ist. Obwohl diese sich mitten in den Strudel des ausschweifenden Lebens begibt, bleibt sie emotional teilnahmslos und reflektiert die Handlungen der sie Umgebenden stetig. Immer wieder fragt Violante nach einem tieferen Geheimnis, doch wie die Kunst ihr einen Einblick verwehrte, bleibt auch das Leben stumm und sie zweifelt, erneut enttäuscht: „Ist das alles? [...] Ach, diese Frucht ist wie die andern; nie werde ich sie gepflückt haben- und sei sie schon auf meinen Lippen zerschmolzen"[822]. In dieser Erkenntnis spiegeln sich grundlegende Erfahrungen des modernen Menschen wider: Zum einen resultiert aus der Überwindung der Kunst die Ernüchterung im Leben, dass „es [...] nirgends mehr etwas zu tun [gibt], [da] alles [...] schon geschehen [ist]"[823]. Für die Herzogin von Assy bedeutet das Eingeständnis ihrer „Abhängigkeit von Bildern und der Festlegung auf Rollen" den „Verzicht auf Authentizität"[824], was zu Einsamkeit sowie der Angst, „nichts zu hinterlassen" führt[825]. Zum anderen mündet das nihilistische Erlebnis im Lebensekel der *Décadents*, die sich dem „Wachbewusstsein" entziehen, um in einer Welt

---

820 Vgl. ebd. S. 132.

821 Ebd. S. 136. Herv. d. Verf. Es muss an dieser Stelle hinzugefügt werden, dass sich auch das besprochene Gartenmotiv im *Venus*-Band assimiliert. Aus dem künstlichen- wird der „von lustglühenden Flecken" zuckende Garten, er wird zu einer paradiesischen Unterwelt stilisiert und so nach dekadenten Vorgaben gestaltet. Vgl. ebd. S. 137 und 167.

822 Ebd. S. 191.

823 Vgl. ebd. S. 158.

824 Vgl. Hilmes, femme fatale, S. 221.

825 Vgl. Gö III, S. 208f.

des Traums von Erkenntnis, gleichbedeutend mit wirklichem „Erwachen", zu schwelgen[826]. Dieses Erwachen ist laut Kupfer aber unabdinglich verknüpft mit Nahtoderfahrungen: „Als ein Erwachen erweist sich der Tod (und ebenso der Wahnsinn), indem er die Herrschaft des rational-sinnlichen Bewusstseins sprengt und dadurch eine dauerhafte Transzendenz ermöglicht; folglich sind auch Traum, [Drogen-] Rausch und jede Form des mystischen Erlebens sozusagen einen kleiner Tod, ein flüchtiges Erwachen"[827]. Anhand dieser Beobachtung erklärt sich einleuchtend die dekadente Todessehnsucht, die sich mit zur Perversion neigender Sexualität[828] zu einem rauschhaft erfahrenen Leben verbindet. In den *Göttinnen* greift Violante von Assy vor jeder Verwandlung zu „Morphin und Sulphonal"[829] und ergibt sich dem „purpurnen Strudel"[830] „dumpfer Erlösung"[831]. Damit wird nicht nur die identitätslose Mittelstellung zwischen den Rollen überwunden, sondern auch kurzfristig in den dekadenten „paradis artificiels"[832] Zuflucht gefunden vor Kunst *und* Leben. Dieselbe erlösende Funktion erhalten die dionysischen Orgien sowie die stilisierte Krankheit, offenbart in der „prachtvollen Zerrüttung" der „prachtvollen Sterbenden"[833] Violante, deren Leiden erstmalig von ihr selbst und den Ärzten mit dem Stigma der „Hysterie" belegt wird[834]. Dieses während der Jahrhundertwende popularisierte Krankheitsbild wurde vornehmlich bei Frauen diagnostiziert und reiht sich laut Bronfen ebenfalls in die *Fin de Siècle*-Symbolik um Eros und Thanatos ein: „Das schauspielerische Oszillieren der Hysterikerin ist eine Inszenierung des Versuchs, die Grenzen (zwischen Leben und Tod, Selbst und Anderer, Männlich

826 Vgl. Kupfer, Künstliche Paradiese, S. 132, 141 und 191. Hier finden sich ausführliche Erörterungen zu der Bedeutung der Flaubertschen Theorie vom *Ennui* und *Néant*, welche entscheidend für die dekadente Theorie vom Traum und Tod sind.

827 Ebd. S. 132.

828 Vgl. hierzu auch Kupfers Ausführungen zu de Sade in Verbindung mit der „Ennui"-Erfahrung. Kupfer, Künstliche Paradiese, S. 191.

829 Vgl. Gö I, S. 220 und Gö II, S. 265.

830 Vgl. Gö II, S. 265.

831 Vgl. Gö I, S. 220.

832 Kupfers Arbeit liefert eine umfangreiche Studie zur Bedeutung des Drogengebrauchs dekadenter Dichter. Vgl ders., Künstliche Paradiese.

833 Vgl. Gö III, S. 219.

834 Vgl. ebd. S. 231 und 249.

und Weiblich [sic!]) fließend zu halten"[835]. Die Hysterie Violante von Assys wird zum Verbindungspunkt von Real-Ebene und Mythos-Ebene"[836], denn als dekadente *femme fatale*, einer „zur Liebe erwachenden Toten"[837], stirbt sie sozusagen in das Leben hinein[838]. Im *Venus*-Teil des Romans wird in der Folge auch die Hinwendung zum modernen Leben verworfen, da jenes von dekadenten Krankheitsanzeichen „verseucht" ist. Haupt/Würffel erklären folgerichtig, dass die Erkenntnis des Verfalls somit nicht „aus dem tödlichen Zirkel des Krankseins" herausführe, sondern diesen „nur durch die Einsicht in die eigene, wachsende Inferiorität" vertiefe[839]. Jakobus Halm bestätigt der Herzogin: „Wir sind heute alle auf das Kranke angewiesen"[840], und selbige erkennt erst im fortgeschrittenen Grad der eigenen Krankheit die Möglichkeit zu ewigem Leben. In der Vollendung ihres Bildnisses durch Jakobus, als Violante „krank genug dazu" ist[841], wird erneut der Letalfaktor als unausweichliche Vorbedingung des modernen Strebens untermauert und die Frau als Medium des kreativen Verfalls versinnbildlicht. Die dekadente Welt lüftet ihre Maske, hinter der sich ein Totenschädel verbirgt[842], von dessen „Grinsen" die Herzogin selbst nicht sagen kann, ob es „prikkelte von leichter Fröhlichkeit" oder ob es „angstvoll grimassierte", deutlich wird aber: „E[s] forderte heraus - und e[s] erschreckte durch seine Fernheit vom Leben. Man sah [es] sterben"[843]. Wie ihre vorherigen Rollen nimmt Violante auch ihre Totenmaske ohne Zweifel entgegen[844], jedoch bleibt sie dieses Mal nicht verschont von den grausamen und schmerzlichen Folgen, denen sie zuvor nur

835 Bronfen, Weiblichkeit, S. 383. Vgl. auch Martin, die in der hysterischen Krankheit „das Zentrum der künstlerischen Erfahrung" feststellt. Martin, Politik, S. 24.

836 Vgl. Metzler, Weiblichkeit, S. 128.

837 Vgl. Praz, Schwarze Romantik, S. 190.

838 Vgl. hierzu Metzler. Dieser sieht im Schöpfungsakt des Kunstwerks - welches Violante zuvor als *Minerva* repräsentiert - ein „(Sich-) Aufbrauchen des Weiblichen". Metzler, Weiblichkeit, S. 118.

839 Vgl. Haupt/Würffel, Handbuch, S. 351.

840 Gö III, S. 231.

841 Vgl. ebd.

842 Vgl. ebd. S. 152. Die Gesichter der Menschen erscheinen als Fratzen des Todes.

843 Ebd. S. 192.

844 Vgl. ebd. S. 234: „Ich liebe ihn, den Genius meines Todes".

zuschauend beiwohnte oder bei anderen selbst herbeiführte: „Sie sah mit Augen, weit offen und voll von *Grauen*, in die Dämmerung, und sie meinte, es spiegele sich in der fahlen Luft *ihr eigenes schreckliches Bild*"[845]. Wollust wird zu Zerstörung, Rausch zu Ernüchterung, die Göttin zur Hysterikerin[846], Ästhetizismus, *Décadence*, Kunst und Leben kulminieren in der allumfassenden „Ent-täuschung" des Todes.

4.3.1 Kinderlosigkeit und Aussterben des Geschlechts

Im letzten Drittel des *Venus*-Teils erfährt die Herzogin von Assy das überwältigende Endzeitgefühl des *Fin de Siècle*. Sie erlebt die „schlimme Einsamkeit"[847] des künstlich überhöhten Individuums, das sich selbst überlebt hat. Violante verkörpert eine Spezies, für die sich keine Nische mehr findet in der modernen Gesellschaft. Als Angehörige des untergehenden Adels und Verfechterin eines Lebens in Schönheit und Zwecklosigkeit findet sie keinen Rechtfertigungsgrund mehr, ein Fortbestehen ihres Geschlechts voranzutreiben[848]. In diesem Moment der Reflexion über das eigene Dasein erwächst der innige Wunsch, etwas zu hinterlassen, dem Vergessen entgegenzuwirken durch *Leben* und nicht durch Kunst. „Hätte ich ein Kind!", resümiert Violante[849], verfolgt von den Erinnerungen an die beiden Kinder, die Eindruck hinterließen auf ihrem Lebensweg: „Pavic´ ertrunkener Knabe" und „die kleine Linda, das künstliche, zukunftslose Kind ihrer sieben Jahre mit Jakobus"[850]. Bezeichnenderweise greifen aber jene Kinder erneut den Topos der Endlichkeit auf, das erste ist tot, das zweite von Violante selbst als Kunstgegenstand ohne Zukunft charakterisiert. Sie durchlebt in der Folge das, was Wuthenow zur Konsequenz des Ästhetizismus erhebt: Er müsse „kinderlos" bleiben, da er „vom Leben abgeschieden" sowie ein „Mischling aus Gottheit und Stein" sei. Einmal in seinen Sphären gewandelt, führe dies zu der Unmöglichkeit einer Rückkehr ins Leben, die Kunst habe die Brücke zerstört, sie mache ihren Antago-

845 Vgl. ebd. S. 235. Herv. d. Verf.

846 Vgl. ebd. S. 145.

847 Vgl. ebd. S. 209.

848 Vgl. ebd.: „Welche Gemeinschaft rechtfertigt mich?".

849 Vgl. ebd.

850 Vgl. ebd.

nisten „unerreichbar" und „unverständlich"[851]. „Das Kind als Bild realer Versöhnung [zwischen Mensch, Kunst und Leben] wird von Heinrich Mann nur zitiert und verworfen", urteilt Hilmes zutreffend[852], zurück bleibt eine von Krankheit gezeichnete Sterbende, welche einzig „auf ihre Nerven gestellt"[853], die Erkenntnis eines existenziellen Scheiterns[854] zu verleugnen sucht. Mit einem Kind würde die Welt „hinter ihr nicht untergehen, sie würde weiter blauen und singen"[855]. Der letzte Wunsch der Herzogin bleibt unerfüllt[856], sie muss ihre verbleibenden Kräfte bündeln, um zurückzukehren in das zuvor von ihr verlassene Neapel, wo sie sterben wird.

Mit der Anerkennung ihrer Kinderlosigkeit wird das Bild des Todes real, an dieser Stelle kann Bronfens Darstellung der geschlechtsspezifisch differenzierten Bedeutung von väterlichem- und mütterlichem Tod auf die allgemeineren Kategorien „Mann" gegenüber „Frau" erweitert werden. Bronfen wertet den Tod des Vaters bzw. Mannes als Sinnbild des Niedergangs der Kultur[857], diese Voraussetzungen erfüllt die Lebensgeschichte der Herzogin von Beginn an. Mit ihrem Vater stirbt der letzte ihrer Ahnen und damit ihre kulturelle Identität sowie die einzig verbliebene, d. h. physisch greifbare, Identifikationsfigur. In der „Figur des verschwindenden/verlorenen mütterlichen Körpers", respektive der sterbenden Frau, erkennt Bronfen die „Metonymie für das Reale des Todes [...], die immer schon die Wiederholung eines ambivalenten *Spiels* [wäre] - unbestimmt und unüberwindbar"[858]. Violante, deren mütterliche Herkunft an keiner Stelle thematisiert wird, verwandelt sich in der Rolle der Sterbenden zurück in einen Menschen, eine *Frau*, deren Lebens*spiel*[859] keine adäquate Kompensation ihrer leeren Identität geboten

851 Vgl. Wuthenow, Muse, S. 18 f.

852 Vgl. Hilmes, femme fatale, S. 217.

853 Gö III, S. 209.

854 Vgl. Haupt/Würffel, Handbuch S. 142. Hier wird die literarische Darstellung von Krankheit und Alter mit solch einem Scheitern in Bezug gesetzt.

855 Vgl. Gö III, S. 218.

856 Vgl. Ebd.

857 Vgl. Bronfen, Weiblichkeit, S. 52.

858 Vgl. Ebd. Herv. d. Verf.

859 Die Thematik des (Schau-)spiels ist ein zentraler Aspekt in den *Göttinnen*, vgl. beispielhaft Gö III, S. 107. Siehe auch Kapitel 2.1.1 und 2.2 dieser Arbeit. Kapitel 5 der vorliegenden Arbeit diskutiert den Stellenwert der

hat. Violante verleiht dem Tod, der zugleich Grundkonstante und einzige Realität ihres Lebens ist, ein *weibliches* Gesicht, womit der moderne Diskurs um Weiblichkeit und Tod durch eine weitere Variante bereichert wird.

4.3.2 Der Tod der Göttinnen und der Tod des Menschen Violante: Untergang oder Neubeginn?

Bevor die Herzogin von Assy nach Neapel zurückkehrt, sucht sie ein letztes Mal Jakobus Halm auf, den künstlerischen Weggefährten ihrer ästhetizistischen Hochphase. Sie findet ihn im Amt eines ländlichen Weinbauern vor, verheiratet mit „einer gefühllosen Frau [...], ein[em] schöne[n], kraftvolle[n] Tier", er ist Vater eines „gesunden Jungen, der wieder Kinder haben [wird]"[860]. Jakobus hat sich entschieden, mit Hilfe utilitaristischer Prinzipien von der Kunst zu gesunden, „Ziele und ein festes Lebensmaß"[861] bedingen seinen neuen „Ruhm [...], nicht zu malen"[862]: „Zu malen brauch ich [...] nicht. Welch ein Genuß, die schönen Dinge ansehen zu dürfen, ohne ans Machen denken zu müssen"[863], versichert er der Herzogin, die die Nützlichkeit des menschlichen Daseins jedoch getreu ihrer bisherigen Geisteshaltung in Frage stellt:

> „Lohnt es sich denn, seine Glieder täglich soundso viele gesunde Bewegungen ausführen zu lassen - nur um der Welt nicht Lebewohl sagen zu müssen? Ich habe ja das Programm heruntergespielt, Stück für Stück, das für mich festgestellt war, schon bevor ich da war. [...] Mein Leben war ein Kunstwerk. Soll ich meinem *zerbrochenen* Schicksal willkürlich etwas anstücken? ... Nein!"[864].

Der Dialog zwischen dem desertierten Künstler und der lebensmüden Aristokratin greift die Krisensituation der Kunst auf, welche durch die eingangs dargestellten gesellschaftlichen Prozesse des

---

Schauspielerei in Bezug auf die Kunst- und Weiblichkeitsproblematik des Werkes und der Zeit, in der es entstanden ist.

860 Vgl. Gö III, S. 225.

861 Vgl. ebd. S. 227.

862 Vgl. ebd. S. 225.

863 Ebd. S. 225.

864 Ebd. S. 227. Herv. d. Verf.

beginnenden 20. Jahrhunderts beschleunigt wurden[865]. Zima verweist in diesem Zusammenhang auf die von Hegel entworfene These vom „Ende der Kunst": „In gewissem Sinne behält Hegel recht: Literatur und Kunst [...] sind, metaphorisch ausgedrückt, `am Ende´, weil sie im Zuge der Säkularisierung, der Differenzierung, der Kommerzialisierung und der Ideologisierung ihre gesamtgesellschaftliche Wirkung und Verbindlichkeit eingebüßt haben"[866]. Mit der Protagonistin sterben „die Träume von Jahrhunderten"[867], sie sei „die letzte von vielen Großen", analysiert Jakobus Halm und fühlt sich, entgegen seiner vorherigen Behauptungen, dazu auserkoren, die Art des Sterbens der Herzogin in einem finalen Bild festzuhalten, quasi ein Kunstwerk über das Ende der Kunst zu schaffen[868]. Es gelingt ihm, dieses Bildnis zu vollenden und er liefert Violante damit das fehlende Bildelement zur Fertigstellung ihres Kunstwerkes „Leben"[869]. Mit ihr stirbt jedoch die Hoffnung auf ein Dasein in zweckfreier vollendeter Schönheit, die Berechtigung des Künstlermenschen, seine Berufung als solche verfolgen zu können, frei von materiellen und gesellschaftlichen Zwängen:

> „In dieser *Frau,* die leise zu Ende ging, entschwanden mit majestätischem Getöse ihre zahllosen Katafalke. Alle ihre *Schönheiten* waren noch einmal *entstanden* in dieser *Frau.* In ihr hatten alle ihre *Leidenschaften* noch einmal *aufgeschrien.* Nun versiegte mit ihr der letzte *Blutstropfen,* der ihnen gehört hatte. Mit ihr *erstarrte* ihrer aller *letzte Begierde, zerbrach* ihre letzte *Geste,* und senkte seinen *Flügel* ihr letzter *Traum*"[870].

Die Darstellung des Sterbens der Violante von Assy gleicht einer Allegorie auf das Sterben der Kunst. Die Größen „Schönheit", „Leidenschaft" und „Traum" referieren die Stationen ihres Lebens und gehen zusammen mit ihr unter. Darüberhinaus greift diese Textstelle erneut die Leitthematik der Jahrhundertwende auf, den Konnex Tod, Weiblichkeit und Ästhetik, zu dem Metzler hilfreiche theoretische Grundlagen geliefert hat. Dieser findet allein in der

---

865 Vgl. Kapitel 1.1 und 1.3 dieser Arbeit. Eine eingehende Analyse hierzu liefert ebenfalls Zima, Künstlerroman, Kapitel VIII.

866 Zima, Künstlerroman, S. 440.

867 Vgl. Gö III, S. 230 und 256.

868 Vgl. ebd. S. 231 f.

869 Vgl. ebd. S. 256.

870 Ebd. S. 257. Herv. d. Verf.

„Struktur eines jeden [Weiblichkeit darstellenden] Bildes durch seine Ersetzungsfunktion eine Negation und damit Tötung des Realen“[871]: „Die Kunst ist [...] schrecklich, weil sie die Analogie zum Leben erkennen lässt: bezogen auf die Frau ist das lebendige Bild ein Totenkopf, aber dieser Totenkopf ist dem Leben ähnlich; er ist das Leben selbst“[872]. Tatsächlich gleicht Violantes Antlitz auf dem Sterbebett einem Totenschädel, der bezeichnenderweise zugleich eine „letzte Verführung“ offeriert[873] und somit auf den erotischen Faktor der sterbenden Frau anspielt, die zur Synthese von Eros und Thanatos wird.

Gemäß dem Merkmalskatalog der *femme fatale* wird Violante letztlich für sich fatal, sie stellt selbst ihr finales Opfer dar[874] und ruft noch auf dem Sterbebett das Begehren der Männer hervor[875]. Gleichzeitig erscheint die Herzogin von Assy in ihren letzten Stunden äußerlich als *femme fragile*, so, wie sie Jakobus Halm zuvor aus dem Gedächtnis porträtiert hat: „Sie war die *Jungfrau*, die, von allen Gewalten des heißen Lebens verwüstet, im Glanze einer *andern, unangreifbaren Reinheit* von dannen fuhr“[876]. Die reale Person Violante passt sich ein weiteres Mal der künstlerischen Vorgabe an: „Und die *Blässe des Todes* rief auf dieses Gesicht eine *zweite Unschuld*. Es war wieder das der zwanzigjährigen, unbekümmerten Siegerin. Was damals die *Unberührte* nicht wusste - die *Sterbende* hatte es vergessen“[877]. Zusammen mit dem oben zitierten Sterben des „letzten Traums“ erklärt sich die wiedergewonnene, bzw. nie verlorene (geistige) Unschuld der Herzogin von Assy nach Nietzsches Theorem vom dionysischen Geiste. Kontinuierliche Metamorphosen, geistige Distanz und körperliche Passivität erlaubten der Protagonistin, ihr Leben nach einer Versuchsanordnung zu konzipieren, das, wenn ein Experiment missglückt war, eine andere Richtung einschlagen

---

871 Vgl. Metzler, Weiblichkeit, S. 23.

872 Schuller zitiert in ebd.

873 Vgl. Gö III, S. 240.

874 Vgl. Hilmes, femme fatale, S. 225 und 228.

875 Vgl. Gö III, S. 240. Vgl. hierzu auch Haupt/Würffel, die in der *femme fatale* die „literarische Ausbeutung der (toten) Geliebten“ erkennen und konstatieren: „Die im Grab liegende `femme fatale´ ist das Werk, aber auch das Opfer eines `homme fatal´: des Dichters“. Haupt/Würffel, Handbuch, S. 150.

876 Gö III, S. 256. Herv. d. Verf.

877 Ebd. Herv. d. Verf.

konnte. Aufgrund des „Forschungscharakters" blieben die Fehlschläge für die Herzogin unreflektiert und frei von Konsequenzen, da sie einen höheren Zweck verfolgte. Darüberhinaus ist der Traumzustand, in dem sie durch das Leben ging, entscheidend für die Wertung ihrer Taten. Scheinbare Idealität erreichte Violante nur als „Yolla", also auf einer irrealen Bewusstseinsebene[878], im Sterben vollendet sich der Übergang in eine entmaterialisierte Sphäre, das Leben und seine Begebenheiten erscheinen als Mittel zum Zweck, diesen Zustand zu erfahren. Die auf den ersten Blick gegensätzliche Zweiteilung der Konzepte *femme fragile* und *femme fatale*, relativiert sich in der Retrospektive, die Romankonzeption vom Erwachen des dionysischen Menschen erfordert zum einen die „Leichtigkeit der Metamorphose, [...] und so ist die Herzogin als Diana schon Venus und als Venus immer noch Diana"[879]. Zum anderen entspricht die Weiblichkeitsdarstellung in den *Göttinnen* der zeitgenössischen Verarbeitung der Ichproblematik. In seiner ambivalenten Charakterisierung der „Frau changierend zwischen Askese und Wollust"[880] greift der Roman die Diskussion um die Weiblichkeit als das „moderne Rätsel" auf und bespricht gleichzeitig die immer wieder erfahrene Unmöglichkeit, dieses Rätsel zu entschlüsseln[881]. Folgerichtig entdeckt Martin in der Thematisierung der „mythologischen Unschuld" der Herzogin eine Metapher für die verlorengegangene gesellschaftliche Unschuld[882]. Die Protagonistin ist über die Kunst in das Leben „hineingestorben", findet aber einzig im Traum bzw. Tod das vollendete Dasein in Liebe. Die Realität, welcher die Mythen

---

878 Vgl. Kapitel 4.1 dieser Arbeit.

879 Vgl. Martin, Politik, S. 59.

880 Vgl. Gutjahr, Lulu als Prinzip, S. 49.

881 Vgl. ebd. S. 46. Vgl. hierzu auch Gö III, S. 259: Nino und Yolla „kamen Gedanken, die kein Wort entsiegelte". Die Unmöglichkeit der sprachlichen Erfassung von universalen Wahrheiten ist ein weiteres Leitmotiv der literarischen Moderne. Mit Hofmannsthals *Ein Brief* letztlich doch in Worte gefasst, manifestiert sich in der Literatur eine grundlegende Sprachskepsis, die in der Dichtung zugleich aber Zweifel am Fortbestehen der eigenen Kunst aufkommen lassen. Hier findet sich eine erneute Referenz auf die These vom Ende der Kunst. Zu dieser Thematik vgl. Bartl, Andrea: *Am Anfang war der Zweifel. Zur Sprachskepsis in der deutschen Literatur um 1800*. Tübingen: Narr Francke Attempto Verlag, 2005.

882 Vgl. Martin, Politik, S. 56. Vgl. auch Kupfer, der den Verlust der Unschuld mit dem Einsetzen von Reflexion, Infragestellung und Wissenschaftlichkeit in Bezug setzt. Kupfer, Künstliche Paradiese, S. 110.

und der Glaube fehlen, bietet nur die Vorstellung von- sowie die Erinnerung an einen verlorengegangenen paradiesischen Idealzustand. Demgemäß vollzieht sich der Tod auf der Wirklichkeitsebene *nicht* in dem „schönen Sterben" einer *femme fragile*[883], sondern im „schreckliche[n] Bild" einer qualvoll dahinsiechenden *Frau*[884]. Auf mythologischer Ebene stirbt Violante beim Anblick ihres im Kunstwerk gebannten Selbst und wird lächelnd von einem Jüngling, der als Nino identifiziert werden kann, in den „Schatten" geleitet, in dem ihr Lächeln erwidert wird[885].

Metzler wertet das Sterben der Herzogin als Synthese des Lebens und der Kunst[886], darüberhinaus repräsentiert es jedoch auch die Erfahrung eines universalen Scheiterns jedes der beiden Einzelkonzepte. Das bedeutet aber nicht, dass im Roman das Ende der Kunst proklamiert und der Ausweg im nichtkünstlerisch-tätigen Leben eines Jakobus Halm oder gar im individuellen Tod gesehen wird, *Die Göttinnen* thematisieren vielmehr das Ende der innerhalb der Moderne zur Verfügung stehenden gedanklichen Konzepte von Kunst. Zima formuliert dies folgendermaßen: „Es geht nicht um eine Krise der Kunst, sondern um eine Krise unserer Kunstvorstellungen - und diese Krise ist doppelt: Sie betrifft den Kunstbegriff und unsere Erwartungen ihm gegenüber"[887]. So ist der Tod der *Göttinnen* in Heinrich Manns Werk dargestellt als der Tod des *Menschen* Violante von Assy. Das Zugrundegehen der Einzelperson ist nicht der Schlusspunkt alles künstlerischen Schaffens, denn was bleibt ist einmal mehr das Werk: „Dies Werk gibt uns zuletzt recht - und alles ist gutes Schicksal"[888] resümiert die Herzogin. „Die Frau als Allegorie der Zeit"[889] wird in den *Göttinnen* zum allumfassenden Symbol der Jahrhundertwende-Problematik und der weibliche Tod wird

---

883 Vgl. Thomalla, femme fragile, S. 54.

884 Vgl. Gö III, S. 235. Hier dominieren erneut dekadente Todesvorstellungen, die „*fahlweiße* Haut", das „breite *schwarze* Haar" und die roten, „*blutigen* Windungen" des Mundes referieren die morbiden „Lebensfarben" des *Décadent*. Gleichzeitig entsteht die Assoziation mit dem Märchen von „Schneewittchen", welches sich ebenfalls in den Themenkomplex um Weiblichkeit, Tod und Erotik einreihen lässt.

885 Vgl. ebd. S. 261.

886 Vgl. Metzler, Weiblichkeit, S. 123.

887 Zima, Künstlerroman, S. 440.

888 Gö III, S. 257.

889 Vgl. Gutjahr, Lulu als Prinzip, S. 45.

zum Ausgangspunkt für die Suche nach einer neuen, wirklichkeitskonformen Kunsttheorie.

5 Neue Wege der Kunst: Lilian Cucuru und der Beruf der Schauspielerin

Heinrich Manns *Die Göttinnen* thematisieren eine Kunstform, die den Widrigkeiten der modernen Gegebenheiten standhält und es darüberhinaus schafft, ein breites Publikum anzusprechen - die Schauspielerei. Obwohl diese um die Jahrhundertwende bereits eine ebenso lange Traditionslinie vorweisen kann wie Malerei, Literatur oder Musik, erhält die darstellende Kunst im Zuge des auf optische Reize ausgerichteten Zeitalters einen vorrangigen Stellenwert. Durch die Erfindung des Films und die Verbreitung der Massenmedien erreicht der Beruf des Schauspielers neue Dimensionen, individueller „Starkult" stilisiert insbesondere die Theaterschauspieler*innen* zum Medium massentauglichen Kunstschaffens[890]: „Die Schauspielkarriere als erste Daseinsform weiblicher Emanzipation"[891] befriedigt über die Trias „äußere Erscheinung, [...] Rolle und (vermeintliche) individuelle Existenz [...] Kollektiv-Sehnsüchte des Augenblicks"[892], die Bühne bietet einen temporären Zufluchtsort vor dem *Fin-de-Siècle*-Bewusstsein.

So ist Lilian Cucuru die einzige Figur in den *Göttinnen,* welche als Frau *und* als Künstlerin überlebt. Ihr Lebensentwurf impliziert Dauer, einen lebendigen aber unnahbaren Schönheitsanspruch sowie die Wiederentdeckung der kathartischen Funktion von Kunst. Lilian, die einst von ihrer Mutter aus Profitgier prostituiert wurde, reinigt sich unter den Blicken des Publikums „von den scheußlichen Berührungen des scheelen Sünders [Pater Tamburini], dem [sie] ehemals unterworfen war"[893]. Sie bestimmt mit Hilfe des Rollenspiels ihre Weiblichkeit selbst und versucht, diese frei von erotischen Zwängen zu gestalten: „Ich bin überzeugt, sie [das Publikum] fühlen keine andere Begierde, als mich anzusehen, ich bin zu schön"[894]. Lilians Entwicklung nimmt im Vergleich zu Violante von Assy den umgekehrten Verlauf. Beide sind über das vorherrschende Attribut des Rollenspiels miteinander verbunden, die erste wandelt sich jedoch

890 Vgl. Balk, Theatergöttinnen, S. 7.

891 Ebd.

892 Ebd. S. 9.

893 Vgl. Gö III, S. 69.

894 Ebd.

von der (unfreiwilligen) Kurtisane in die freie Künstlerin[895], sie funktionalisiert ihr Schicksal um zum Beruf und erweist sich damit als überlebensfähig. Die Konsequenzen dieser Lebenseinstellung entsprechen aber immer noch denen des allgemeinen Künstlertypus, Hochmut und Distanz von der Masse werden zum Nährboden für emotionale Kälte und Einsamkeit[896]. Lilian wird zur moralischen Anklägerin der modernen Gesellschaftsstrukturen[897] und deutet mit ihrem Protest gegen die bürgerliche Doppelmoral einen Aspekt an, der im weiteren literarischen Schaffen Heinrich Manns zentrale Bedeutung erhalten wird, die Herausbildung einer politisch-sozialen Stimme der Kunst: „Ich erlebe, wenn ich nackt und lichtübergossen auf meinem Theater stehe, einen blendenden, sieghaften Einspruch gegen die ganze Heuchelei meiner Kaste, gegen Unflat und alle Sinnenfeindlichkeit“[898]. In den *Göttinnen* ist dieser Einspruch gegen die Gesellschaft noch passiv-reaktionär, er ist vorrangig getragen von Hilflosigkeit und der erwähnten „Rache“ des Künstlers, Lilian „rächt sich“: „Die Gesellschaft hat sie verwundet, sie aber kann der Gesellschaft nichts anhaben: man braucht ihr nicht zu glauben, da sie sich ja rächt...“, erläutert ihre verhasste Schwester Vinon die Basis ihrer Kreativität[899]. Da ihre Motivation aus der Verletzung ihres individuellen Ehrgefühls heraus entsteht, verkörpert die Figur der Lilian Cucuru im Roman somit *nicht* das Leitbild einer Reformerin der Kunst. Die sublimierenden Kräfte des Schauspiels brechen im wollüstigen Dunstkreis des Assyschen Umfeldes zusammen „und auch [Lilian] und ihre kalte Vollkommenheit zer[reißt] der schmerzliche Krampf einer ersten Sucht nach Hingabe und Aufgehen“[900]. Sie beginnt, zu leben[901], doch ist es auch in ihrem Fall das *dekadente* Leben, das sie in seinen Bann zieht. Lilian gibt sich ihren unterdrückten Leidenschaften hin, die sie fortan im Alkohol-

---

895 Vgl. ebd. S. 70: „Lilian [ist] eine Freie“. Siehe auch ebd. S. 77.

896 Vgl. ebd. S. 69 und 71. Siehe auch von Hoff/Meise, die in der Privilegierung des Sehsinnes im Hinblick auf die darstellenden Künste die Herausbildung des „kalten Blicks“ thematisieren. Dieser sei frei von erotischen Untertönen und lasse auf Seiten des Publikums keine emotionale Nähe zu der Frau als künstlerisches Subjekt bzw. Objekt zu. Vgl. von Hoff/Meise, Tableaux vivants, S. 73.

897 Vgl. Gö III, S. 78.

898 Vgl. ebd. S. 69. Vgl. auch S. 79.

899 Vgl. ebd. S. 78.

900 Vgl. ebd. S. 185.

901 Vgl. ebd. S. 187.

rausch in Verbindung mit Hassgefühlen und Gewalttätigkeit auslebt[902]. Die Schauspielerin, die öffentlich gelebte Weiblichkeit in Verbindung mit Erotik repräsentiert, wird in den *Göttinnen* als Lebensmodell des emanzipierten modernen Künstlers thematisiert, welches noch nicht ausgereift ist, aber durchaus zukunftsweisenden Charakter besitzt. Lilian Cucuru überlebt, zumindest bleibt ihr möglicher Tod im Romanverlauf aus. Wenn sie auch in der anonymen Masse des Hofstaates der Herzogin verloren geht[903], so scheint sich am Beispiel der darstellenden Künstlerin ein Ansatzpunkt zur Umstellung der Gleichung „Kunst + Weiblichkeit = Tod" abzuzeichnen.

---

902 Vgl. ebd. S. 187 f.

903 Vgl. ebd.

6 Fazit und Ausblick

Heinrich Manns Romantrilogie *Die Göttinnen* wurde vom Autor selbst zu Recht als bedeutendstes Werk seiner Frühphase erachtet. Im individuellen Leben der Herzogin von Assy wird pars pro toto die Kollektiverfahrung des modernen Menschen nachgebildet. Der Text als facettenreiches Zeitgemälde porträtiert vorherrschende Kunst- und Lebenstheorien des *Fin de Siècle*, prüft diese darüberhinaus auf ihre Wirklichkeitstauglichkeit und verwirft sie letztlich aufgrund mangelnder Alternative zum vorzeitigen tödlichen Ende.

Die mythologischen Metamorphosen der Protagonistin, angereichert mit den Attributen zeitgenössischer Weiblichkeitsvorstellungen, zeugen von dem Versuch, die Existenz des Künstlers neu und dauerhaft zu verorten in einer Welt, in der Rationalität das Suchen nach einer höheren Wahrheit beendet hat. Rationalität lässt jedoch die Stelle des Sinnes leerstehen[904] und so wird am Beispiel der Göttinnen *Diana* und *Minerva* versucht, Nietzsches ästhetische Maxime „Wir haben die Kunst, damit wir an der Wahrheit nicht zugrunde gehen"[905], in den Glaubenssatz einer universalen Kunstreligion umzuwandeln. Das Scheitern dieses Experiments vollzieht sich im Augenblick des Übertretens der Herzogin in die Sphäre des Lebens. Im Zuge dieses ersten Scheiterns wird die Kunst ernsthaft in Frage gestellt[906], denn es gibt, wie Wuthenow folgerichtig resümiert, „auf den Ästhetizismus nur zweierlei Antworten: Entweder den Abschied von der Kunst oder ihre neue Fundierung und [...] Rechtfertigung"[907]. Im *Venus*-Band der *Göttinnen* scheint das Leben die Oberhand zu gewinnen. Mit der Entfaltung einer totalen Konzentration auf das Diesseitige wird jedoch die „Ent-täuschung" des Subjekts eingeleitet, das, ohne metaphysischen Beistand, „obdachlos" und isoliert in der Welt zurückbleibt. Erotische Ausschweifungen werden zum Instrument, die nüchterne Banalität des Alltags zu überwinden und die Rauscherfahrung der Kunst in das Leben zu übersetzen. Das Schicksal der Herzogin von Assy mündet in der

904 Vgl. Fritz, Dämonisierung, S. 453.

905 Vgl. Nietzsche, Friedrich: *Werke in drei Bänden*. Hg. v. Karl Schlechta. Bd. III. München: Hanser, 1997. S. 832.

906 Vgl. Wuthenow, Muse, S. 278.

907 Vgl. ebd. S. 34.

Transformation zur sinnlichen Frau, da ihre spezifische Erotik aber fortan auf der Realitätsebene gefangen bleibt - der Kunst hat sie abgeschworen - erhält sie Attribute einer *femme fatale*. Dämonisch morbide Einflüsse werden vorherrschend, da die positive Komponente des Eros nur noch in Thanatos Vollendung findet, der Sphäre, die für die Wirklichkeit unerreichbar bleibt[908]. Todesverfallenheit und Vergänglichkeitskult besetzen während der Jahrhundertwende die sakrale Leerstelle, die Herzogin begibt sich in den Dunstkreis der *Décadence*, die es sich zum Ziel gemacht hat, die Hässlichkeit des Lebens künstlerisch in Schönheit umzugestalten. So bietet auch dieser moderne Lebensentwurf kein Entrinnen aus dem tödlichen Labyrinth. „Die bedeutenden Typen [dieser] Zeit" *leiden*: „Versagende Nerven, bedrohte Lungen, rachitische Brustkörbe, eine geschwollene Prostata, ein wenig Fäulnis hier und da verteilt im Körper - [...] *so [sind sie] alle*"[909]. Ästhetizismus und *Décadence* - lebendige Schönheit der Künstlichkeit gegenüber künstlich verschönerter Hässlichkeit des Lebens - beide Lebensmodelle führen in Selbstvernichtung und berauben das Individuum um die Möglichkeit, etwa von sich selbst zu hinterlassen. *Die Göttinnen* sind somit nicht allein „eines der bedeutendsten kritischen Dokumente des Ästhetizismus"[910], mit der Einbeziehung des dekadenten Lebensaspektes bildet das Werk das zeitgenössische Wert-Vakuum eines „Jahrhundert[s] der voll entwickelten Gleichgültigkeit"[911] ab, es zieht kritisch Bilanz. Hilmes bemerkt darüberhinaus im Zusammenhang mit der spezifischen Weiblichkeitsdarstellung des Romans, dass seine Frauengestalten so konzipiert wären, „dass sie selbst um eine gelungene Aneignung von Wirklichkeit bestrebt [seien]"[912]. Da jedoch zufriedenstellende und lebenstaugliche Konzepte zur Realitätsgestaltung fehlen, wird die zeittypische literarische Verarbeitung des Letalfaktors in Manns Werk unausweichlich. Der vorzeitige Tod aufgrund von Liebe und Verlangen dient als Allegorie auf die sich stets wie-

---

908 Vgl. Fritz, Dämonisierung, S. 448 f: „Bleibt das Erotische auf der Realitätsebene, wird es dämonisch, weil erreichbar". Vgl. auch Wuthenow, Muse, S. 118: „Die fiktiven Frauengestalten der [modernen] Epoche [stehen für] verdrängtes sinnliches Leben, das kompensatorische Erwartungen und Träume hervorruft, die aus Angst und Stolz, aus Wollust und Grauen zugleich gewoben sind".

909 Gö II, S. 218. Herv. H. Mann.

910 Vgl. Wuthenow, Muse, S. 262.

911 Ebd. S. 71.

912 Vgl. Hilmes, femme fatale, S. 205.

derholende Menschheitserfahrung vom Verlust der geistigen Unschuld. Ohne die metaphysische Illusion bleibt der Mensch auf den Menschen und damit auf sich selbst verwiesen, das Ich wird unrettbar.

Heinrich Mann bietet in den *Göttinnen* keine differenzierte Ausfluchtmöglichkeit aus dem Dilemma seiner Zeit, er beschreibt hauptsächlich den Status quo. Der Roman leitet jedoch des Autors „Suche nach dem Ganzen“ ein, die in der sozial-politischen Wandlung eine Alternative findet[913]. Das Leben der Herzogin von Assy thematisiert das Ende der überlieferten Kunst*vorstellungen*, neue Fundierung und Rechtfertigung erfährt die Kunst im Sinne Manns durch die Wendung zum „Sittlichen“ sowie „Sozialen“[914]. Die Problematik der Roman-Trilogie skizziert die Geisteshaltung der literarischen Moderne, ihre Ergebnisse und Konsequenzen sind weitreichend und finden ihren vorläufigen Höhepunkt zur Zeit der nachfolgenden Jahrhundertwende, die zugleich ein neues Jahrtausend einläutet. Mehr denn je ist das Kunstschaffen von einem gesellschaftlichen Nützlichkeitsanspruch bedroht, der nicht-kommerzielle Künstler zu einem Artefakt vergangener Zeiten geworden. Im Jahr 2001 rekapituliert Peter Sloterdijk diesbezüglich das Denken und die Wirkung Nietzsches anlässlich dessen einhundertsten Todestages:

> „Was ist ein Bürger? - ein Mensch, der noch immer eine Illusion zu verlieren hat. Was ist ein freier Geist? - ein Individuum, das nördlich der Illusionsbreiten lebt, in einer Zone, wo die Leit-Illusion der älteren Menschheit, der \`Weise´, der \`Heilige´, der \`Held´, erfroren sind und wo selbst der Fetisch der neueren Zeit, der \`Künstler´, schon Anzeichen von Verfrostung zeigt. *Nach* Nietzsche ist Leben \`ein Experiment des Erkennenden´. [...] *Mit* Nietzsche [verliert man] [...] die Illusion über die Entbehrlichkeit der Illusionen“[915].

Und auch heute ist es noch ein Bestreben, das notorisch zwischen Gegenpolen changierende Ich zu retten. Kunst versus Kommerz,

---

913 Vgl. Haupt/Würffel, Handbuch, S. 37.

914 Vgl. Wuthenow, Muse, S. 256 f.

915 Sloterdijk, Peter: *Nietzsches erstes Jahrhundert.* Focus Artikel vom 21.08.00. Herv. Sloterdijk.

Göttlichkeit versus Weltlichkeit, Weiblichkeit versus Männlichkeit, „dieser Kampf des Willens endigt *jenseits* von Gut und Böse"[916].

[916] Vgl. Hofmannsthal (in Referenz auf Nietzsche), Physiologie. In: Wunberg, Moderne, S. 319. Herv. d. Verf.

7 Literaturverzeichnis

Primärliteratur

Bahr, Hermann: Das unrettbare Ich. Gekürzt in: Wunberg, Gotthart (Hrsg.): Die Wiener Moderne. Literatur, Kunst und Musik zwischen 1890 und 1910. Stuttgart: Reclam, 2000. S. 147-148.

Bahr, Hermann: *Die Décadence.* Gekürzt in: Wunberg, Gotthart (Hrsg.): *Die Wiener Moderne. Literatur, Kunst und Musik zwischen 1890 und 1910.* Stuttgart: Reclam, 2000. S. 225-232.

Bahr, Hermann: Décadence und Dilettantismus. In: Wunberg, Gotthart (Hrsg.): Die Wiener Moderne. Literatur, Kunst und Musik zwischen 1890 und 1910. Stuttgart: Reclam, 2000. S. 234-239.

Baudelaire, Charles: *Die Blumen des Bösen.* München: Diogenes TB, 1982.

Die Bibel. Nach der Übersetzung Martin Luthers. Bibeltext in der revidierten Fassung von 1984. Stuttgart: Deutsche Bibelgesellschaft, 1999.

Dörmann, Felix: *Was ich liebe.* In: Wunberg, Gotthart (Hrsg.): *Die Wiener Moderne. Literatur, Kunst und Musik* zwischen *1890 und 1910.* Stuttgart: Reclam, 2000. S. 357.

Hofmannsthal, Hugo von: *Gabriele D´Annunzio.* Gekürzt in: Wunberg, Gotthart (Hrsg.): *Die Wiener Moderne.* Literatur, *Kunst und Musik zwischen 1890 und 1910.* Stuttgart: Reclam, 2000. S. 340-344.

Hofmannsthal, Hugo von: *Zur Physiologie der modernen Liebe.* Gekürzt in: Wunberg, Gotthart (Hrsg.): *Die Wiener* Moderne. *Literatur, Kunst und Musik zwischen 1890 und 1910.* Stuttgart: Reclam, 2000. S. 318-320.

Mach, Ernst: Antimetaphysische Vorbemerkungen. Gekürzt in: Wunberg, Gotthart (Hrsg.): Die Wiener Moderne. Literatur, Kunst und Musik zwischen 1890 und 1910. Stuttgart: Reclam, 2000. S. 137-146.

Mann, Heinrich: *Die Göttinnen. Die drei Romane der Herzogin von Assy.* Studienausgabe in Einzelbänden.Hg. v. Peter-Paul Schneider. Frankfurt am Main: Fischer TB, 1987.

Nietzsche, Friedrich: *Die Geburt der Tragödie aus dem Geiste der Musik.* In: Ders.: *Werke. Kritische Gesamtausgabe.* Hg. v. Giorgio Colli und Mazzino Montinari. Vierte Abt. 1. Band. Berlin: de Gruyter, 1976.

Nietzsche, Friedrich: *Richard Wagner in Bayreuth.* In: Ders.: *Werke. Kritische Gesamtausgabe.* Hg. v. Giorgio Colli und Mazzino Montinari. Vierte Abt. 1. Band. Berlin: de Gruyter, 1976.

Nietzsche, Friedrich: *Ecce Homo.* In: *Deutsche Lyrik. Eine Anthologie.* Hg. v. Hanspeter Brode. Frankfurt am Main: Suhrkamp, 1990. S. 241.

Nietzsche, Friedrich: *Werke in* drei *Bänden.* Hg. v. Karl Schlechta. Bd. III. München: Hanser, 1997.

Nietzsche, Friedrich: *Zur* Genealogie *der Moral. Eine Streitschrift.* Stuttgart: Reclam, 2000.

Sokal, Clemens: *Sterben.* Gekürzt in: Wunberg, Gotthart (Hrsg.): *Die Wiener Moderne. Literatur, Kunst und Musik* zwischen *1890 und 1910.* Stuttgart: Reclam, 2000. S. 266-268.

Stauf von der March, Ottokar: *Die Neurotischen.* Gekürzt in: Wunberg, Gotthart (Hrsg.): *Die Wiener Moderne.* Literatur, *Kunst und Musik zwischen 1890 und 1910.* Stuttgart: Reclam, 2000. S. 239-248.

Sekundärliteratur

Balk, Claudia: *Theatergöttinnen. Inszenierte Weiblichkeit.* Basel; Frankfurt am Main: Stroemfeld, 1994.

Banuls, André: *Heinrich Mann.* Stuttgart: Kohlhammer, 1970.

Banuls, André: *Thomas Mann und sein Bruder Heinrich.* Frankfurt am Main: Kohlhammer, 1968.

Blänsdorf, Jürgen: „ Begriff und Umfang des Themas *femme fatale*". In: Ders. (Hrsg.): *Die femme fatale im Drama. Heroinen-Verführerinnen-Todesengel.* Tübingen: Francke, 1999. S. 7-19.

Bork, Claudia: Femme fatale und Don Juan. Ein Beitrag zur Motivgeschichte der literarischen Verführergestalt. Hamburg: von Bockel, 1992.

Bronfen, Elisabeth: „Die schöne Leiche. Weiblicher Tod als motivische Konstante von der Mitte des 18. Jahrhunderts bis in die Moderne". In: Berger, Renate; Stephan, Inge: *Weiblichkeit und Tod in der Literatur.* Köln; Wien: Böhlau, 1987. S. 87-117.

Bronfen, Elisabeth: *Nur über ihre Leiche. Tod, Weiblichkeit und Ästhetik.* Würzburg: Königshausen und Neumann, 2004.

Dahlem, Ina-Gabriele: Auflösen und Herstellen: Zur dialektischen Verfahrensweise der literarischen Décadence in Heinrich Manns „Göttinnen"-Trilogie. Frankfurt am Main: Lang, 2001.

Damblemont, Gerhard: „La *féminité dévorante*: Nana, Renée, Salomé, Lilith und ihre Schwestern im französischen *Fin de Siècle-*Drama". In: Blänsdorf, Jürgen (Hrsg.): *Die femme fatale im Drama. Heroinen-Verführerinnen-Todesengel.* Tübingen: Francke, 1999. S. 81-97.

Eilert, Heide: „Die Vorliebe für kostbar-erlesene Materialien und ihre Funktion in der Lyrik des Fin de Siècle". In: Bauer, Roger et al. (Hrsg.): *Fin de Siècle. Zu Literatur und Kunst der Jahrhundertwende.* Frankfurt am Main: Klostermann, 1977. S. 421-441.

Emrich, Elke: Macht und Geist im Werk Heinrich Manns. Eine Überwindung Nietzsches aus dem Geist Voltaires. Berlin; New York: de Gruyter, 1981.

Evers, Meindert: „Wir haben die Kunst, damit wir nicht an der Wahrheit zugrunde gehen. Nietzsche und die `ästhetische Perspektive´". In: Maier, Thomas (Hrsg.): *Nietzsche und die literarische Moderne.* Essen: Verlag Die Blaue Eule, 2002. S. 10-32.

Fähnders, Walter: *Avantgarde und Moderne 1890-1933.* Stuttgart: Metzler, 1998.

Fritz, Horst: „Die Dämonisierung des Erotischen in der Literatur des Fin de Siècle". In: Bauer, Roger et al. (Hrsg.): *Fin de Siècle. Zu Literatur und Kunst der Jahrhundertwende.* Frankfurt am Main: Klostermann, 1977. S. 442-464.

Gutjahr, Ortrud: „Lulu als Prinzip. Verführte und Verführerin in der Literatur". In: Roebling, Irmgard (Hrsg.): *Lulu, Lilith, Mona Lisa...: Frauenbilder um die Jahrhundertwende.* Pfaffenweiler: Centaurus Verlag, 1988. S. 45-77.

Haupt, Sabine und Stefan Bodo Würffel (Hgg.): *Handbuch Fin de Siècle.* Stuttgart: Kröner, 2008.

Heftrich, Eckard: „Was heißt l´art pour l´art?". In: Bauer, Roger et al. (Hrsg.): *Fin de Siècle. Zu Literatur und Kunst der Jahrhundertwende.* Frankfurt am Main: Klostermann, 1977. S. 16-30.

Hermand, Jost: *Jugendstil.* Darmstadt: Wissenschaftliche Buchgesellschaft, 1971.

Hillebrand, Bruno (Hrsg.): *Nietzsche und die deutsche Literatur.* Bd. 1 und 2. Tübingen: Niemeyer, 1978.

Hilmes, Carola: Die Femme fatale. Ein Weiblichkeitstypus in der nachromantischen Literatur. Stuttgart: Metzler, 1990.

Hinterhäuser, Hans: *Fin de Siècle. Gestalten und Mythen.* München: Wilhelm Fink, 1977.

von Hoff, Dagmar; Meise, Helga: „Tableaux vivants. Die Kunst- und Kultform der Attitüden und lebenden Bilder". In: Berger, Renate; Stephan, Inge: *Weiblichkeit und Tod in der Literatur.* Köln; Wien: Böhlau, 1987. S. 69-87.

Kreuzer, Helmut (Hrsg.): *Don Juan und Femme fatale.* München: Fink, 1994.

Koopmann, Helmut: „Entgrenzung. Zu einem literarischen Phänomen um 1900". In: Bauer, Roger et al. (Hrsg.): *Fin de Siècle. Zu Literatur und Kunst der Jahrhundertwende.* Frankfurt am Main: Klostermann, 1977. S. 73-92.

Kupfer, Andreas: Die künstlichen Paradiese. Rausch und Realität seit der Romantik. Stuttgart: Metzler, 2006.

Kurzke, Hermann: „Nachwort". In: Mann, Thomas: *Tristan.* Stuttgart: Reclam, 2000.

Lorenz, Dagmar: *Wiener Moderne*. Stuttgart: Metzler, 1998.

Lundgren, Lars-Eric: Frauengestalten im Frühwerk Heinrich Manns. Interpretationen im Werkzusammenhang. Edsbruk: Akademitryck, 1986.

Luserke-Jaqui, Matthias (Hrsg.): „Alle Welt ist medial geworden": Literatur, Technik, Naturwissenschaft in der klassischen Moderne. Internationales Darmstädter Musil-Symposium. Tübingen: Francke, 2005.

Maier, Thomas (Hrsg.): Das Lachen des Dionysos: Nietzsche und die literarische Moderne. Essen: Verlag Die Blaue Eule, 2002.

Martin, Ariane: *Erotische Politik: Heinrich Manns erzählerisches Frühwerk*. Würzburg: Königshausen und Neumann, 1993.

Metzler, Jan Christian: >>Mir ward es seltsam kalt<<Weiblichkeit und Tod in Heinrich Manns Frühwerk. Hamburg: Argument Verlag, 2000.

Meyer, Theo: „Nietzsche als Paradigma der Moderne". In: Piechotta, Hans Joachim et al. (Hrsg.): *Die literarische Moderne in Europa*. Bd. 1. Opladen: Westdeutscher Verlag, 1994. S. 136-171.

Piechotta, Hans Joachim: „Einleitung: Die Differenzfunktion der Metapher in der Literatur der Moderne". In: Ders. et al. (Hrsg.): *Die literarische Moderne in Europa*. Bd. 1. Opladen: Westdeutscher Verlag, 1994. S. 9-68.

Praz, Mario: Liebe, Tod und Teufel. Die Schwarze Romantik. 4. Aufl. München: dtv, 1994.

Rasch, Wolfdietrich: Zur deutschen Literatur seit der Jahrhundertwende. Stuttgart: Metzler, 1967.

Ritter- Santini, Lea: „Die Verfremdung des optischen Zitats: Anmerkungen zu Heinrich Manns Roman *Die Göttinnen*". In: Weisstein, Ulrich (Hrsg.): *Literatur und bildende Kunst: Ein Handbuch zur Theorie und Praxis eines komparatistischen Grenzgebietes*. Berlin: Erich Schmidt, 1992. S. 259-278.

Ritter-Santini, Lea: „Maniera Grande. Über italienische Renaissance und deutsche Jahrhundertwende“. In: Bauer, Roger et al. (Hrsg.): *Fin de Siècle. Zu Literatur und Kunst der Jahrhundertwende*. Frankfurt am Main: Klostermann, 1977. S. 170-193.

Roebling, Irmgard (Hrsg.): *Lulu, Lilith, Mona Lisa…: Frauenbilder um die Jahrhundertwende*. Pfaffenweiler: Centaurus Verlag, 1988.

Schickedanz, Hans-Joachim: *Femme fatale. Ein Mythos wird entblättert.* Dortmund: Harenberg, 1983.

Schorske, Karl E.: *Wien. Geist und Gesellschaft im Fin de Siècle*. 2. Aufl. Frankfurt am Main: Fischer, 1982.

Schröter, Klaus: Anfänge Heinrich Manns. Zu den Grundlagen seines Gesamtwerks. Stuttgart: Metzler, 1965.

Schwede, Reinhild: Wilhelminische Neuromantik. Flucht oder Zuflucht? Ästhetizistischer, exotistischer und provinzialistischer Eskapismus im Werk Hauptmanns, Hesses und der Brüder Mann um 1900. O. O.: Athenäum Hain Verlag, 1986.

Sloterdijk, Peter: *Nietzsches erstes Jahrhundert.* Focus Artikel vom 21.08.00.

Thomalla, Ariane: Die >femme fragile<. Ein literarischer Frauentypus der Jahrhundertwende. Düsseldorf: Bertelsmann, 1972.

Weisstein, Ulrich (Hrsg.): Literatur und bildende Kunst. Ein Handbuch zur Theorie und Praxis eines komparatistisches Grenzgebietes. Berlin: Erich Schmidt, 1992.

Werner, Renate: Cultur der Oberfläche. In: *Nietzsche und die deutsche Literatur*. Bd. II. Hrsg. v. Bruno Hillebrand. Tübingen: Niemeyer, 1978.

Wieler, Michael: Dilettantismus. Wesen und Geschichte am Beispiel von Heinrich und Thomas Mann. Würzburg: Königshausen und Neumann, 1996.

Wiora, Walter: „Die Kultur kann sterben- Reflexionen zwischen 1880 und 1914“. In: Bauer, Roger et al. (Hrsg.): *Fin de Siècle. Zu Literatur und Kunst der Jahrhundertwende*. Frankfurt am Main: Klostermann, 1977. S. 50-73.

Wittmann, Livia Z.: „Zwischen `femme fatale´ und `femme fragile´- die neue Frau? Kritische Bemerkungen zum Frauenbild des literarischen Jugendstils". In: Jahrbuch für internationale Germanistik 17. H2, 1985. S. 74-110.

Wunberg, Gotthart (Hrsg.): Die Wiener Moderne. Literatur, Kunst und Musik zwischen 1890 und 1910. Stuttgart: Reclam, 2000.

Wuthenow, Ralph-Rainer: „Der Europäische Ästhetizismus". In: Piechotta, Hans Joachim et al. (Hrsg.): *Die literarische Moderne in Europa*. Bd. 1. Opladen: Westdeutscher Verlag, 1994. S. 112-135.

Wuthenow, Ralph-Rainer: *Muse, Maske, Meduse. Europäischer Ästhetizismus*. Frankfurt am Main: Suhrkamp, 1978.

Zima, Peter V.: Der europäische Künstlerroman. Von der romantischen Utopie zur postmodernen Parodie. Tübingen: Narr Francke Attempto, 2008.

Nachschlagewerke

Reclams Lexikon der Heiligen und der biblischen Gestalten. Legende und Darstellung in der bildenden Kunst. Hg. v. Hiltgart L. Keller. 3. Aufl. Stuttgart: Reclam, 1975.

Wörterbuch der Mythologie. Hg. v. W. Binder. 11. Reprintaufl. Holzminden: Reprint-Verlag-Leipzig, 2002.

Zeitfracht Medien GmbH
Ferdinand-Jühlke-Straße 7
99095 Erfurt, Deutschland
produktsicherheit@kolibri360.de